DISCLAIMER

The author and publisher are providing this book and its contents on an "as is" basis and make no representations or warranties of any kind with respect to this book or its contents. The author and publisher disclaim all such representations and warranties, including but not limited to warranties of merchantability. In addition, the author and publisher do not represent or warrant that the information accessible via this book is accurate, complete, or current.

Except as specifically stated in this book, neither the author nor publisher, nor any authors, contributors, or other representatives will be liable for damages arising out of or in connection with the use of this book. This is a comprehensive limitation of liability that applies to all damages of any kind, including (without limitation) compensatory; direct, indirect, or consequential damages; loss of data, income, or profit; loss of or damage to property; and claims of third parties.

This Book Comes With Free Bonus Puzzles
Available Here:

BestActivityBooks.com/WSBONUS20

5 TIPS TO START!

1) HOW TO SOLVE

The Puzzles are in a Classic Format:

- Words are hidden without breaks (no spaces, dashes, ...)
- Orientation: Forward & Backward, Up & Down or in Diagonal (can be in both directions)
- Words can overlap or cross each other

2) ACTIVE LEARNING

To encourage learning actively, a space is provided next to each word to write down the translation. The **DICTIONARY** allows you to verify and expand your knowledge. You can look up and write down each translation, find the words in the Puzzle then add them to your vocabulary!

3) TAG YOUR WORDS

Have you tried using a tag system? For example, you could mark the words which have been difficult to find with a cross, the ones you loved with a star, new words with a triangle, rare words with a diamond and so on...

4) ORGANIZE YOUR LEARNING

We also offer a convenient **NOTEBOOK** at the end of this edition. Whether on vacation, travelling or at home, you can easily organize your new knowledge without needing a second notebook!

5) FINISHED?

Go to the bonus section: **MONSTER CHALLENGE** to find a free game offered at the end of this edition!

Want more fun and learning activities? It's **Fast and Simple!**
An entire Game Book Collection just **one click away!**

Find your next challenge at:

BestActivityBooks.com/MyNextWordSearch

Ready, Set... Go!

Did you know there are around 7,000 different languages in the world? Words are precious.

We love languages and have been working hard to make the highest quality books for you. Our ingredients?

A selection of indispensable learning themes, three big slices of fun, then we add a spoonful of difficult words and a pinch of rare ones. We serve them up with care and a maximum of delight so you can solve the best word games and have fun learning!

Your feedback is essential. You can be an active participant in the success of this book by leaving us a review. Tell us what you liked most in this edition!

Here is a short link which will take you to your order page.

BestBooksActivity.com/Review50

Thanks for your help and enjoy the Game!

Linguas Classics Team

1 - Antiques

```
E  L  E  G  A  N  T  E  T  I  L  A  V  K
O  P  R  I  S  G  A  M  M  A  L  V  S  D
I  Å  U  U  S  W  L  Z  W  L  G  Ä  M  E
N  R  T  X  H  T  M  Y  N  T  N  R  Y  K
V  H  P  V  T  N  I  P  W  H  I  D  C  O
E  U  L  J  I  B  G  L  C  S  R  E  K  R
S  N  U  Å  R  T  I  O  N  D  E  N  E  A
T  D  K  N  E  Z  L  L  F  R  O  N  T
E  R  S  B  L  L  N  M  K  U  I  T  I
R  A  K  K  L  M  A  L  Ö  C  A  T  B  V
I  D  X  O  A  N  V  D  B  R  T  K  M  O
N  E  Z  P  G  Z  O  B  E  Y  S  U  I  C
G  Y  I  K  O  N  S  T  L  R  E  A  O  N
A  U  T  E  N  T  I  S  K  J  R  T  V  P
```

KONST	INVESTERING
AUKTION	SMYCKEN
AUTENTISK	GAMMAL
ÅRHUNDRADE	PRIS
MYNT	KVALITET
ÅRTIONDEN	RESTAURERING
DEKORATIV	SKULPTUR
ELEGANT	STIL
MÖBEL	OVANLIG
GALLERI	VÄRDE

2 - Food #1

```
J  T  A  K  I  L  I  S  A  B  H  J  S  P
T  O  Y  P  G  Z  E  W  I  M  J  U  A  Ä
O  R  R  F  R  E  K  C  O  S  B  I  L  R
N  O  F  D  S  I  M  J  Ö  L  K  C  L  O
F  M  J  O  N  X  K  G  W  I  Ö  E  A  N
I  S  B  G  K  Ö  I  O  L  T  L  C  D  T
S  A  B  Y  X  D  T  T  S  A  T  D  J  Z
K  L  U  D  W  E  L  S  M  N  I  I  A  B
Z  T  G  L  T  V  U  X  O  E  V  C  X  U
B  I  D  E  H  U  C  M  M  P  P  E  V  X
K  O  R  N  L  Ö  K  P  T  S  P  S  V  V
X  O  O  A  T  R  O  V  A  F  H  A  I  D
C  W  J  K  G  H  Z  C  I  T  R  O  N  Z
U  N  X  A  K  X  W  K  Z  L  E  L  Y  G
```

APRIKOS	JORDNÖT
KORN	PÄRON
BASILIKA	SALLAD
MOROT	SALT
KANEL	SOPPA
VITLÖK	SPENAT
JUICE	JORDGUBB
CITRON	SOCKER
MJÖLK	TONFISK
LÖK	ROVA

3 - Measurements

```
H  Ö  J  D  V  W  M  L  A  M  I  C  E  D
W  G  R  D  I  T  A  Ä  F  G  B  F  T  V
F  K  E  E  K  O  S  N  H  X  L  Y  O  P
B  E  T  R  T  D  S  G  B  Y  T  E  N  T
M  N  E  B  K  E  A  D  I  N  I  P  A  T
D  I  M  A  R  G  M  Y  L  O  V  C  S  U
C  J  N  W  V  U  Z  O  Z  K  B  K  L  M
S  O  U  U  M  G  W  A  L  S  Z  I  I  Z
F  C  Z  P  T  T  O  Y  A  I  Z  L  T  S
C  E  N  T  I  M  E  T  E  R  K  O  E  Z
C  J  H  K  L  N  F  N  T  S  B  G  R  Z
G  R  A  D  J  X  F  T  R  C  L  R  N  A
S  G  V  J  O  M  U  N  S  H  R  A  K  I
Y  P  A  U  W  T  B  F  K  N  L  M  H  N
```

BYTE   LÄNGD
CENTIMETER   LITER
DECIMAL   MASSA
GRAD   METER
DJUP   MINUT
GRAM   UNS
HÖJD   TON
TUM   VOLYM
KILOGRAM   VIKT
KILOMETER   BREDD

4 - Farm #2

```
K  B  E  V  A  T  T  N  I  N  G  N  Ä  C
O  D  J  U  R  K  E  F  N  U  B  O  I  Z
R  Z  U  H  S  U  H  R  O  T  K  A  R  T
N  K  I  J  W  R  Z  U  S  Y  I  T  Y  I
T  U  E  E  W  F  I  K  B  B  N  L  U  W
E  G  R  V  D  X  D  T  W  S  H  H  P  A
H  H  M  M  W  W  G  T  V  M  C  M  J  X
D  E  N  R  A  V  K  R  E  D  Ä  V  A  Y
F  W  R  A  O  I  O  Ä  L  K  E  U  C  T
Å  V  H  D  N  S  A  D  A  L  A  M  A  V
R  H  G  P  E  K  C  G  M  Ö  M  D  Y  E
B  O  N  D  E  S  A  Å  M  J  A  F  P  T
G  R  Ö  N  S  A  K  R  Y  M  J  V  R  E
U  G  J  N  C  F  L  D  Z  B  S  F  F  F
```

DJUR	LAMA
KORN	ÄNG
LADA	MJÖLK
MAJS	FRUKTTRÄDGÅRD
ANKA	FÅR
BONDE	HERDE
MAT	TRAKTOR
FRUKT	GRÖNSAK
BEVATTNING	VETE
LAMM	VÄDERKVARN

5 - Books

```
H  L  D  H  F  E  R  A  T  T  Ä  R  E  B
I  I  I  U  E  P  I  S  K  B  R  P  R  E
S  T  K  M  X  E  U  P  U  D  W  D  A  R
T  T  T  O  R  E  L  E  V  A  N  T  S  Ä
O  E  V  R  Ä  T  B  B  P  X  D  S  Ä  T
R  R  E  I  V  S  R  M  T  D  Y  I  L  T
I  Ä  V  S  E  K  T  A  L  L  C  L  S  E
S  R  N  T  N  R  F  P  G  N  V  I  F  L
K  H  Z  I  T  I  L  G  N  I  L  M  A  S
G  G  P  S  Y  V  T  X  I  R  S  B  T  E
Z  E  O  K  R  S  U  T  T  B  O  K  A  Y
S  E  E  D  U  A  L  I  T  E  T  M  J  H
P  B  S  E  G  N  A  H  N  A  M  M  A  S
Z  I  I  F  Ö  R  F  A  T  T  A  R  E  N
```

ÄVENTYR	ROMAN
FÖRFATTARE	SIDA
SAMLING	DIKT
SAMMANHANG	POESI
DUALITET	LÄSARE
EPISK	RELEVANT
HISTORISK	RAD
HUMORISTISK	BERÄTTELSE
LITTERÄR	TRAGISK
BERÄTTARE	SKRIVS

6 - Meditation

```
P V A N O R T K F I G M N T
D E R F I Y E I L M N D A A
G N R K C I H V K A G Y T N
O N O S O R M X S W R N U K
D I L V P C A A L W A H R A
K S S Ä R E S V U Z E M E R
Ä A N N Ö B K J G H P E N T
N D Ä L R V R T N M P D R E
N N K I E V Ä O I Y S K P P
A A Z G L A M F C V Y Ä A Y
N M T H S K P B D S K N O Z
D L J E E E P I M K I S U M
E V X T W N U P V U S L P O
T Y S T N A D U U Y K A T R
```

GODKÄNNANDE
UPPMÄRKSAMHET
VAKEN
ANDAS
LUGN
KLARHET
MEDKÄNSLA
KÄNSLOR
VANOR
VÄNLIGHET

PSYKISK
SINNE
RÖRELSE
MUSIK
NATUR
FRED
PERSPEKTIV
TYSTNAD
TANKAR

7 - Days and Months

```
Z  B  D  W  H  Z  H  F  T  D  P  J  O  F
T  O  R  S  D  A  G  L  V  A  T  U  N  E
S  O  R  E  B  M  E  V  O  N  E  L  S  B
N  Ö  Å  X  B  N  G  N  M  Å  M  I  D  R
N  K  N  O  G  M  T  J  A  M  Å  L  A  U
A  L  A  D  B  U  E  S  R  K  N  Ö  G  A
W  G  H  L  A  E  C  T  S  I  D  R  Z  R
M  F  C  G  E  G  B  R  P  N  A  D  L  I
S  L  G  A  T  N  K  P  E  E  G  A  H  R
T  I  S  D  A  G  D  E  R  K  S  G  V  A
C  R  R  E  K  E  R  E  B  O  T  K  O  U
R  P  M  R  C  U  O  D  R  M  L  J  S  N
D  A  Z  F  E  A  U  G  U  S  T  I  E  A
Y  T  U  T  V  B  M  K  G  V  F  D  F  J
```

APRIL	NOVEMBER
AUGUSTI	OKTOBER
KALENDER	LÖRDAG
FEBRUARI	SEPTEMBER
FREDAG	SÖNDAG
JANUARI	TORSDAG
JULI	TISDAG
MARS	ONSDAG
MÅNDAG	VECKA
MÅNAD	ÅR

8 - Energy

```
F  S  J  G  D  P  R  A  B  Y  N  R  Ö  F
V  O  D  I  E  S  E  L  A  M  D  W  W  K
K  Ä  T  C  J  T  M  F  T  I  D  K  E  J
B  F  T  O  E  H  R  C  T  L  L  J  N  A
M  E  G  E  N  R  Ä  B  E  J  S  J  T  G
O  X  N  K  U  E  V  V  R  Ö  I  M  R  T
T  F  I  S  M  X  O  U  I  S  P  Z  O  U
O  S  N  I  I  R  T  S  U  D  N  I  P  R
R  O  E  R  L  N  G  B  D  W  V  E  I  B
N  O  R  T  K  E  L  E  K  O  L  I  E  I
V  Z  O  K  K  Ä  R  N  K  R  A  F  T  N
I  Y  R  E  L  S  N  Ä  R  B  G  A  N  T
N  L  Ö  L  Z  E  D  V  C  K  N  D  W  M
D  Z  F  E  O  X  U  N  Y  Z  Å  J  I  C
```

BATTERI	VÄTE
KOL	INDUSTRI
DIESEL	MOTOR
ELEKTRISK	KÄRNKRAFT
ELEKTRON	FOTON
ENTROPI	FÖRORENING
MILJÖ	FÖRNYBAR
BRÄNSLE	ÅNGA
BENSIN	TURBIN
VÄRME	VIND

9 - Archeology

```
O  K  Ä  N  D  E  R  G  E  J  W  L  E  C
N  E  B  O  L  S  J  R  R  R  N  R  B  I
K  E  R  A  M  I  K  A  A  A  I  V  J  V
M  T  K  N  U  X  G  V  R  E  L  I  K  I
Y  G  N  I  L  T  T  Ä  N  T  D  L  L  L
S  P  Y  R  T  K  E  J  B  O  D  R  J  I
T  X  F  D  M  N  A  N  A  L  Y  S  O  S
E  W  R  E  Ö  V  A  F  G  H  U  R  W  A
R  A  C  U  L  H  U  E  O  U  S  D  N  T
I  K  N  X  G  I  D  T  X  S  P  L  M  I
U  F  O  R  S  K  A  R  E  P  S  Z  Z  O
M  T  E  M  P  E  L  J  U  G  E  I  F  N
U  T  V  Ä  R  D  E  R  I  N  G  R  L  N
F  R  A  G  M  E  N  T  T  E  A  M  T  O
```

ANALYS
ANTIKEN
BEN
CIVILISATION
ÄTTLING
ERA
UTVÄRDERING
EXPERT
GLÖMT
FOSSIL

FRAGMENT
MYSTERIUM
OBJEKT
KERAMIK
RELIK
FORSKARE
TEAM
TEMPEL
GRAV
OKÄND

10 - Food #2

```
M  Y  O  G  H  U  R  T  F  W  U  G  R  W
K  Y  C  K  L  I  N  G  I  S  B  S  A  G
S  K  I  N  K  A  F  W  S  S  Ä  D  K  I
S  K  Ö  R  S  B  Ä  R  K  V  G  S  C  P
X  E  Ä  X  G  L  V  K  V  A  G  I  O  W
A  L  L  G  J  A  T  K  R  M  C  G  K  T
I  P  B  L  G  F  R  I  V  P  J  U  S  I
I  P  D  A  E  P  O  W  E  Z  G  Z  T  P
O  Ä  A  G  N  R  L  I  T  A  V  U  R  D
J  T  L  V  N  A  I  A  E  S  L  F  Ä  N
C  O  K  L  G  G  N  C  N  D  S  I  N  I
B  R  O  C  C  O  L  I  E  T  A  M  O  T
Y  G  H  D  I  F  A  R  I  S  A  J  R  M
X  E  C  L  C  U  E  S  A  O  Y  Z  K  K
```

ÄPPLE   ÄGGPLANTA
KRONÄRTSKOCKA   FISK
BANAN   DRUVA
BROCCOLI   SKINKA
SELLERI   KIWI
OST   SVAMP
KÖRSBÄR   RIS
KYCKLING   TOMAT
CHOKLAD   VETE
ÄGG   YOGHURT

11 - Chemistry

```
K  S  I  N  A  G  R  O  L  S  X  E  X  H
N  Y  Y  U  T  D  K  A  B  A  F  N  A  A
X  N  O  R  T  K  E  L  E  L  E  Z  U  X
T  P  I  R  E  P  O  N  C  T  P  Y  S  K
A  E  K  Ä  R  N  K  R  A  F  T  M  C  N
L  Y  M  V  I  K  T  H  W  C  X  J  U  X
K  J  K  P  R  N  G  W  N  A  H  C  B  Y
A  O  L  F  E  K  O  L  Y  K  E  L  O  M
L  N  O  Y  X  R  W  P  A  S  R  V  H  K
I  I  R  I  S  C  A  A  M  T  A  L  I  G
S  V  Ä  R  M  E  R  T  E  Ä  F  T  O  A
K  I  T  G  W  N  Y  Z  U  V  J  H  O  S
V  Ä  T  E  W  M  S  I  D  R  G  Z  I  M
K  A  T  A  L  Y  S  A  T  O  R  N  N  S
```

SYRA	VÄTE
ALKALISK	JON
ATOM	VÄTSKA
KOL	MOLEKYL
KATALYSATOR	KÄRNKRAFT
KLOR	ORGANISK
ELEKTRON	SYRE
ENZYM	SALT
GAS	TEMPERATUR
VÄRME	VIKT

12 - Music

```
I N S P E L N I N G N Å S F
H K R U M P R D A L L A B P
S S O L S X N O F O R K I M
A I W H Y A L L V G V C R S
P L H A R R I E R V F Y Y Å
O A B Y P F I M D T N P T N
E K G U W J R S R K E C M G
T I V W M A W K K L U E I A
I S M U S I K E R A R X S R
S U H A R M O N I S B Y K E
K M N H U D S A M S N T T J
H A R M O N I S K I K Ö R M
S J U N G A S R C S I A O S
O P E R A K S I T K E L K E
```

ALBUM
BALLAD
KÖR
KLASSISK
EKLEKTISK
HARMONISK
HARMONI
LYRISK
MELODI
MIKROFON

MUSIKALISK
MUSIKER
OPERA
POETISK
INSPELNING
RYTM
RYTMISK
SJUNGA
SÅNGARE
SÅNG

13 - Family

```
F  B  Y  L  R  G  S  F  A  R  F  A  R  D
U  R  F  N  O  K  J  I  N  J  N  E  O  E
D  O  J  Y  W  U  W  O  K  N  H  S  Z  F
R  R  G  E  S  K  C  A  B  W  C  B  T  P
D  S  R  K  N  R  A  B  N  O  K  S  Y  S
N  O  B  A  R  N  D  O  M  K  U  S  I  N
M  N  P  M  E  O  W  Z  S  X  L  R  M  B
M  O  M  C  D  X  R  E  T  T  O  D  O  A
F  O  S  F  O  T  L  B  L  P  E  K  R  R
A  U  R  T  M  F  Ö  R  F  A  D  E  R  N
R  U  G  M  E  M  B  A  R  N  B  A  R  N
B  P  H  R  O  R  B  R  A  F  N  H  O  Z
X  F  G  I  L  R  E  D  A  F  S  R  P  F
R  K  G  Y  B  S  Y  S  T  E  R  M  V  I
```

FÖRFADER	MORMOR
MOSTER	MAKE
BROR	MODERNS
BARN	MOR
BARNDOM	BRORSON
KUSIN	SYSKONBARN
DOTTER	FADERLIG
FAR	SYSTER
BARNBARN	FARBROR
FARFAR	FRU

14 - Farm #1

```
E G N I L K C Y K K K F U J
D J E B D N K U M A R G G B
Y T P T T A K M F L Å M P E
F F P Y H W L V G V K V H K
B I S O N O X E M T A N S Å
J O R D B R U K S D C L K K
S I D L M E Z C B D P O W X
H T C B W R I S V N Ö R F A
V L A N H Ä S T A U H G L E
S Ä E K F L O P T H I F P U
B F C S E V O S T M G N F U
K L G G P T A U E F T D K M
O H O N U N G G N U D P A L
G F T T W Z M S Y K Y G B O
```

JORDBRUK	STAKET
BI	GÖDSEL
BISONOXE	FÄLT
KALV	GET
KATT	HÖ
KYCKLING	HONUNG
KO	HÄST
KRÅKA	RIS
HUND	FRÖN
ÅSNA	VATTEN

15 - Camping

```
K  D  D  E  F  U  D  Y  U  P  A  K  F  S
Ö  A  Ä  S  T  U  G  A  G  U  X  B  J  J
J  N  R  U  T  A  N  U  L  S  D  J  U  R
S  A  T  T  D  T  O  N  A  K  L  O  A  X
U  C  K  D  A  T  T  D  I  Y  E  M  K  H
M  K  X  T  B  A  J  R  S  N  A  F  S  U
C  U  S  G  X  M  R  E  P  M  S  G  K  Z
M  Z  L  I  U  G  O  B  K  D  O  E  Z  D
B  B  M  L  N  N  P  D  F  Y  G  O  K  S
E  K  L  O  P  Ä  M  Å  N  E  T  S  Z  T
R  E  E  R  S  H  A  B  B  U  I  U  P  J
G  D  F  C  T  A  K  O  M  P  A  S  S  A
L  Z  O  R  Y  T  N  E  V  Ä  K  K  Y  H
Y  R  A  E  G  T  T  Ä  L  T  N  G  F  E
```

ÄVENTYR	JAKT
DJUR	INSEKT
STUGA	SJÖ
KANOT	KARTA
KOMPASS	MÅNE
ELD	BERG
SKOG	NATUR
ROLIGT	REP
HÄNGMATTA	TÄLT
HATT	TRÄD

16 - Algebra

```
E  O  Ä  N  D  L  I  G  M  Z  F  Z  F  F
H  X  P  J  C  L  E  B  E  R  O  B  K  A
U  Y  P  J  P  O  I  C  L  R  R  J  B  L
D  N  L  O  E  N  R  W  B  S  M  W  S  S
D  O  Z  O  N  N  F  A  O  M  E  A  I  K
U  I  K  W  M  E  F  A  R  G  L  U  R  N
P  T  A  L  V  D  N  Ö  P  F  R  T  T  O
A  K  R  G  M  C  M  T  R  O  T  K  A  F
R  A  F  N  R  Y  C  S  F  E  N  C  M  G
E  R  F  I  Ä  A  K  P  I  C  N  C  Z  T
N  T  I  N  J  K  M  K  H  X  Z  K  C  I
T  B  S  S  N  O  I  T  K  A  R  F  L  W
E  U  F  Ö  I  E  K  V  A  T  I  O  N  A
S  S  N  L  L  E  B  A  I  R  A  V  K  N
```

DIAGRAM	MATRIS
EKVATION	SIFFRA
EXPONENT	PARENTES
FAKTOR	PROBLEM
FALSK	FÖRENKLA
FORMEL	LÖSNING
FRAKTION	SUBTRAKTION
GRAF	VARIABEL
OÄNDLIG	NOLL
LINJÄR	

17 - Numbers

```
X  B  S  M  K  U  V  D  N  L  S  I  V  S
X  D  J  F  E  M  A  T  I  O  G  U  J  T
S  I  U  J  S  X  T  R  K  L  T  A  V  U
N  O  T  T  E  R  T  I  T  L  R  E  R  T
G  H  T  H  U  D  Å  V  T  O  R  T  G  N
M  K  O  I  O  S  H  S  K  S  N  T  T  I
J  Z  N  J  N  R  N  X  F  P  F  J  U  O
F  A  O  T  O  L  V  X  E  H  H  Y  Y  V
J  B  T  T  X  V  O  S  M  J  V  S  R  R
O  R  T  S  N  M  D  K  T  K  G  T  K  A
R  E  I  Y  E  T  Z  I  O  L  H  O  F  N
T  G  N  O  T  X  E  S  N  S  L  X  N  U
O  H  V  G  P  I  E  S  U  A  Z  R  A  E
N  O  W  G  G  G  B  D  E  C  I  M  A  L
```

DECIMAL	SJU
ÅTTA	SJUTTON
ARTON	SEX
FEMTON	SEXTON
FEM	TIO
FYRA	TRETTON
FJORTON	TRE
NIO	TOLV
NITTON	TJUGO
ETT	TVÅ

18 - Spices

```
I  N  G  E  F  Ä  R  A  V  D  T  F  Y  K
L  R  G  S  I  N  A  P  A  Y  S  Ä  I  O
A  Ö  W  A  P  A  U  W  N  E  S  N  O  R
T  I  K  L  A  Y  K  K  I  S  Ö  K  E  I
Z  I  I  T  P  N  A  A  L  F  T  Å  O  A
S  W  K  F  R  U  N  R  J  C  S  L  C  N
T  A  H  E  I  O  E  D  K  K  V  U  U  D
Y  E  F  U  K  E  L  E  A  U  K  O  R  E
C  K  V  F  A  T  O  M  M  X  M  V  R  R
K  G  S  Z  R  J  K  U  S  U  D  M  Y  Z
D  D  E  J  G  A  J  M  R  E  T  T  I  B
V  I  T  L  Ö  K  N  M  R  W  A  K  Z  N
L  A  K  R  I  T  S  A  M  U  S  K  O  T
K  R  Y  D  D  N  E  J  L  I  K  A  K  L
```

ANIS	VITLÖK
BITTER	INGEFÄRA
KARDEMUMMA	LAKRITS
KANEL	MUSKOT
KRYDDNEJLIKA	LÖK
KORIANDER	PAPRIKA
KUMMIN	SAFFRAN
CURRY	SALT
FÄNKÅL	SÖT
SMAK	VANILJ

19 - Universe

```
H  Z  V  X  Y  O  E  N  K  F  M  F  E  H
S  I  Y  I  D  T  D  I  O  R  E  T  S  A
P  H  M  H  E  P  O  K  S  E  L  E  T  L
L  H  G  M  A  X  G  R  M  K  N  N  P  V
H  S  O  L  E  A  L  N  I  R  V  Å  Y  K
H  D  T  G  I  L  N  Y  S  Ö  G  L  M  L
S  W  G  W  L  A  J  P  K  M  I  U  A  O
O  Z  C  K  E  G  P  R  S  L  R  H  T  T
A  S  T  R  O  N  O  M  L  V  R  G  M  G
X  T  D  A  R  G  D  D  E  R  B  L  O  E
S  O  L  S  T  Å  N  D  M  A  L  G  S  F
G  A  S  T  R  O  N  O  M  I  B  L  F  Z
H  U  B  X  T  N  O  S  I  R  O  H  Ä  B
B  C  F  S  G  E  S  I  H  X  G  U  R  K
```

ASTEROID	HALVKLOT
ASTRONOM	HORISONT
ASTRONOMI	BREDDGRAD
ATMOSFÄR	MÅNE
HIMMELSK	HIMMEL
KOSMISK	SOL
MÖRKER	SOLSTÅND
EON	TELESKOP
GALAX	SYNLIG

20 - Mammals

```
A G B H P W Y S G K Z R H J
P K J Ä O X W B U I G Ä U P
A E Ö S B L L U N L R V N X
K C R T G O R I L L A A D Y
R A N I F L E D A K V P F O
Z D T G Y J J G V Ä N R L F
F Å R T B A V A U N C Ä E K
S O U Y D Ä K A L G E R J Z
V Z J P I Y V C O U L I O R
J A T T C A V E A R E E N F
X I C C R P K L R U F V I U
G O O Y W J X R B I A A N W
P H S F U V F D E R N R A W
J W A N V A N O Z J T G K E
```

BJÖRN	GORILLA
BÄVER	HÄST
TJUR	KÄNGURU
KATT	LEJON
PRÄRIEVARG	APA
HUND	KANIN
DELFIN	FÅR
ELEFANT	VAL
RÄV	VARG
GIRAFF	ZEBRA

21 - Bees

```
K  I  T  A  M  N  W  V  D  A  X  P  T  O
V  J  K  R  P  O  L  L  I  N  A  T  O  R
R  Z  E  Z  Ä  Y  M  N  G  E  V  V  F  Z
B  R  S  C  B  D  Z  K  O  L  A  Ä  G  Z
L  Ö  N  Y  C  I  G  E  N  L  S  L  H  S
O  K  I  L  A  V  K  Å  H  O  O  G  O  R
M  B  L  O  M  M  A  U  R  P  D  Ö  N  M
M  M  G  C  X  R  P  W  P  D  W  R  U  Å
O  L  N  H  G  Ä  S  F  B  A  Y  A  N  N
R  E  T  X  Ä  V  O  I  R  U  V  N  G  G
P  V  V  I  K  S  L  G  U  U  S  D  U  F
L  I  V  S  M  I  L  J  Ö  V  K  E  Y  A
D  R  O  T  T  N  I  N  G  C  Y  T  B  L
E  K  O  S  Y  S  T  E  M  U  F  W  K  D
```

VÄLGÖRANDE	HONUNG
BLOMMA	INSEKT
MÅNGFALD	VÄXTER
EKOSYSTEM	POLLEN
BLOMMOR	POLLINATOR
MAT	DROTTNING
FRUKT	RÖK
TRÄDGÅRD	SOL
LIVSMILJÖ	SVÄRM
BIKUPA	VAX

22 - Weather

```
S I O K V I N D G A P T D G
I T U N L O M A A T S E D S
R R O T E I B O Y M J M I Z
B I C R M I M C K O Y P M R
F M O K M P O A K S Å E M E
W J M J I N R Z T F L R A G
A H J O H U T B R Ä G A E N
W F L N N S C U Z R C T F B
B T G L T N A K R O T U Y Å
R F C E R O T J C F Z R J G
N W I R U M R B K K C Z Z E
B L I X T G U K D K H L A X
T R O P I S K E A R Ä L O P
P N X M K E E O Y Y N J G H
```

ATMOSFÄR	MONSUN
BRIS	POLÄRA
KLIMAT	REGNBÅGE
MOLN	HIMMEL
TORKA	STORM
TORR	TEMPERATUR
DIMMA	ÅSKA
ORKAN	TROMB
IS	TROPISK
BLIXT	VIND

23 - Adventure

```
A  G  I  L  R  A  F  S  Y  N  M  O  D  L
O  K  L  X  W  F  K  K  U  A  P  U  H  L
D  W  T  Ä  A  X  T  Ö  D  V  R  I  S  E
C  Z  L  I  D  K  Y  N  U  I  A  Z  T  J
S  G  R  J  V  J  U  H  L  G  G  E  C  W
N  Ä  T  M  H  I  E  E  R  E  N  N  Ä  V
A  V  K  U  K  X  T  T  T  R  I  T  Y  O
H  S  Y  E  N  J  O  E  N  I  N  U  Y  V
C  E  L  H  R  Y  L  F  T  N  A  S  I  A
S  R  F  N  O  H  J  T  O  G  M  I  T  N
U  I  T  J  S  P  E  O  R  U  T  A  N  L
X  Y  U  B  A  S  F  T  J  T  U  S  B  I
D  E  S  T  I  N  A  T  I  O  N  M  I  G
P  S  Z  M  H  S  V  Å  R  I  G  H  E  T
```

AKTIVITET	UTFLYKT
SKÖNHET	VÄNNER
MOD	RESVÄG
UTMANINGAR	GLÄDJE
CHANS	NATUR
FARLIG	NAVIGERING
DESTINATION	NY
SVÅRIGHET	SÄKERHET
ENTUSIASM	OVANLIG

24 - Circus

```
I  T  A  Z  T  I  X  C  T  L  M  G  B  I
J  N  T  E  E  I  Z  G  Ä  E  U  O  P  T
D  S  J  T  I  G  E  R  L  J  S  D  A  R
E  J  B  P  H  A  M  N  T  O  I  I  R  O
L  K  U  A  Y  M  X  M  Z  N  K  S  A  L
E  O  L  R  E  G  N  O  L  L  A  B  D  L
F  S  T  U  N  D  E  R  H  Å  L  L  A  K
A  T  A  L  P  T  P  F  P  P  O  V  R  A
N  Y  B  P  P  S  R  I  C  Z  Z  O  V  R
T  M  O  B  A  O  C  N  X  L  B  I  I  L
X  U  R  Ö  L  G  N  O  J  R  O  F  S  O
F  K  K  Å  S  K  Å  D  A  R  E  W  A  C
U  Z  A  F  P  K  N  J  O  Y  R  J  N  Z
E  I  C  E  S  P  F  V  K  K  S  U  F  Z
```

AKROBAT	MAGI
DJUR	TROLLKARL
BALLONGER	APA
GODIS	MUSIK
CLOWN	PARAD
KOSTYM	VISA
ELEFANT	ÅSKÅDARE
UNDERHÅLLA	TÄLT
JONGLÖR	TIGER
LEJON	LURA

25 - Restaurant #2

```
L E F F A G F G V U M M S H
O U T C K G S H M B A I V V
T M N M A T K U R F R D N S
S R I C K P E M A N E D V A
T N R Y H H D L G P F A U L
L Ä C K E R Z C H E P G F L
A N Ä G G E A Y H W Z O I A
S U I E V K C Y R D R I S D
I D M W A A N N Z T O A K R
K L X R T S K G I L D P Z U
X A I T T N V C Y U D K G R
Z R V S E Ö N V I T Y A K H
H T J M N R Ö T I V R E S S
P X G A I G F J X L K A M P
```

DRYCK	LUNCH
KAKA	NUDLAR
STOL	SALLAD
LÄCKER	SALT
MIDDAG	SOPPA
ÄGG	KRYDDOR
FISK	SKED
GAFFEL	GRÖNSAKER
FRUKT	SERVITÖR
IS	VATTEN

26 - Geology

```
K  K  J  E  I  Z  S  G  C  C  E  W  P  E
F  O  O  O  U  U  A  E  Y  C  Å  J  W  R
T  M  R  N  R  X  L  T  K  S  T  E  N  O
R  U  E  A  T  D  T  M  L  B  A  L  A  S
E  V  G  R  L  I  B  F  E  L  L  I  K  I
L  W  A  Y  L  L  N  Ä  R  M  P  D  L  O
L  T  L  S  F  D  V  E  V  Y  H  H  U  N
A  K  V  A  R  T  S  H  N  N  I  I  V  H
T  G  R  O  T  T  A  O  G  T  I  M  K  S
S  H  A  R  C  G  E  J  S  E  R  N  F  L
I  M  B  H  F  O  S  S  I  L  R  J  G  O
R  E  L  A  R  E  N  I  M  S  K  W  B  P
K  A  L  C  I  U  M  C  J  S  B  D  T  S
L  A  V  A  S  T  A  L  A  K  T  I  T  U
```

SYRA	GEJSER
KALCIUM	LAVA
GROTTA	LAGER
KONTINENT	MINERALER
KORALL	PLATÅ
KRISTALLER	KVARTS
CYKLER	SALT
JORDBÄVNING	STALAKTIT
EROSION	STEN
FOSSIL	VULKAN

27 - House

```
V N J Z L J R E T S N Ö F J
L I V E M A A W I Y D P M W
O L N Ä I H N D F L S P N C
G H A D G Y B D N H P E L I
H P T M P G D Ö R R E N H W
B B G E P M R W E Y G S W C
O L P G T A Å Z N U E P K R
W B D A N L G V I U L I K S
A M U R L Y D D N E S Ö T
U T S A V K Ä F R T B S K A
R Z C G H V R U A A Ö B T K
M L H R M E T I G K M A E E
B I B L I O T E K M D U K T
K P N W N Y C K L A R U O X
```

VIND	NYCKLAR
KVAST	KÖK
GARDINER	LAMPA
DÖRR	BIBLIOTEK
STAKET	SPEGEL
ÖPPEN SPIS	TAK
GOLV	RUM
MÖBEL	DUSCH
GARAGE	VÄGG
TRÄDGÅRD	FÖNSTER

28 - Physics

```
U L M S I T E N G A M X M Z
N A O T M D E L T R W E A R
I Y T F S E X E E H B K S T
V U A J H N P K T K W N S F
E K G D Y S A I I S T U A A
R O T O M I N T V I R R W R
S M M A M T S R I M C R O K
E K O E U E I A T E A V F N
L A C L K T O P A K A L O R
L O C B E A N S L G A S R Ä
E S Z X M K N Y E O Z X M K
K P G I X L Y I R S R N E I
M X H Z Z E G L K O S M L R
F R E K V E N S A I H U G V
```

ATOM
KAOS
KEMISK
DENSITET
ELEKTRON
MOTOR
EXPANSION
FORMEL
FREKVENS

GAS
MAGNETISM
MASSA
MEKANIK
MOLEKYL
KÄRNKRAFT
PARTIKEL
RELATIVITET
UNIVERSELL

29 - Dance

```
K  K  P  K  O  R  E  O  G  R  A  F  I  J
X  U  L  A  L  S  N  Ä  K  H  Z  V  P  B
M  W  L  A  R  M  Y  Y  N  Å  K  Z  E  T
I  E  E  T  S  T  Y  B  M  L  U  N  P  H
A  E  U  F  U  S  N  F  U  L  L  N  G  R
K  I  S  U  M  R  I  E  U  N  T  A  V  E
A  E  I  N  V  M  E  S  R  I  U  M  C  P
D  A  V  H  M  D  C  L  K  N  R  R  G  E
E  C  X  X  Z  R  N  E  L  G  P  J  C  T
M  K  I  A  N  P  Å  R  B  S  J  Y  Y  I
I  S  R  P  Y  G  D  Ö  J  I  S  K  M  T
K  R  O  P  P  L  O  R  K  O  N  S  T  I
X  Z  X  O  E  A  A  U  T  K  U  P  Y  O
J  Z  R  H  Z  D  R  C  Z  I  E  O  R  N
```

AKADEMI
KONST
KROPP
KOREOGRAFI
KLASSISK
KULTURELL
KULTUR
KÄNSLA
NÅD

GLAD
HOPPA
RÖRELSE
MUSIK
PARTNER
HÅLLNING
REPETITION
RYTM
VISUELL

30 - Coffee

```
V  G  R  Ä  D  D  E  W  Y  M  V  D  L  Y
W  Ä  T  S  O  Z  O  K  B  Ä  A  R  V  L
L  K  T  R  A  V  S  R  A  N  T  Y  E  G
N  R  U  S  S  L  I  P  A  G  T  C  F  M
P  E  A  N  K  U  F  N  N  D  E  K  I  P
O  T  K  S  D  A  T  S  O  R  N  A  L  U
O  T  I  O  P  R  I  S  N  G  P  M  T  R
F  I  X  R  F  R  N  F  A  I  R  S  E  S
H  B  F  F  U  F  R  L  T  U  J  O  R  P
B  G  F  K  B  B  E  S  K  L  Ö  J  M  R
L  D  I  O  R  E  K  I  R  I  V  M  O  U
S  U  M  P  K  E  C  W  N  D  U  U  R  N
P  I  X  P  G  J  O  W  W  C  H  K  A  G
Y  P  H  L  L  K  S  V  Z  M  Y  G  D  A
```

SUR	SLIPA
AROM	VÄTSKA
DRYCK	MJÖLK
BITTER	MORGON
SVART	URSPRUNG
KOFFEIN	PRIS
GRÄDDE	ROSTAD
KOPP	SOCKER
FILTER	MÄNGD
SMAK	VATTEN

31 - Shapes

```
S J M Y K M S C F B M Z K T
V Z R J M W Z I W F I I M R
G W H D P L G I A Y G K O I
H N R Ö H V D J G R D A O A
C O R E K T A N G E L N P N
G K Ä G J D I C R D E T O G
B U F Å V N D Z O N B E L E
B R S B U K I I T I R R Y L
S V T I O J M L Y L E S G O
T A D I S N A F H Y P Z O I
P R I S M A R A K C Y Z N O
O V A L O G Y G S K H P X Y
Y X E U I B P E L L I P S J
C I R K E L A G O C W J M Z
```

BÅGE	LINJE
CIRKEL	OVAL
KON	POLYGON
HÖRN	PRISMA
KUB	PYRAMID
KURVA	REKTANGEL
CYLINDER	SIDA
KANTER	SFÄR
ELLIPS	TORG
HYPERBEL	TRIANGEL

32 - Scientific Disciplines

```
W A M E K A N I K U L A N F
U M R E K O L O G I I S E Y
K I H K M I H I C B N T U S
I N D B E G R M P X G R R I
N E I P J O F E I T V O O O
E R E K I L L K N F I N L L
S A A I G O L O I B S O O O
I L N N H N I I G J T M G G
O O A A P U C B O I I I I I
L G T T S M J K L K K B U N
O I O O U M J A O E N H Z U
G X M B A I S A E M U C M B
I I I P P S K L G I F V P P
D P S Y K O L O G I I A I U
```

ANATOMI   IMMUNOLOGI
ARKEOLOGI   KINESIOLOGI
ASTRONOMI   LINGVISTIK
BIOKEMI   MEKANIK
BIOLOGI   MINERALOGI
BOTANIK   NEUROLOGI
KEMI   FYSIOLOGI
EKOLOGI   PSYKOLOGI
GEOLOGI

33 - Science

```
K M D H R E L Y K E L O M N
L S K P M N J B I R A R I E
I K S F O S S I L A B G N V
M X E A L L V A R L O A E O
A A T A D U B A A K R N R L
T D O T E M G D K I A I A U
E X P E R I M E N T T S L T
A R Y A K F I V D R O M E I
G K H A T E A F X A R K R O
F Y S I K O M K N P I S E N
F A M U G A M I T D U X T A
N A T U R F A N S U M J X L
F O R S K A R E L K M R Ä N
I U U X M K P E K F M M V J
```

ATOM	LABORATORIUM
KEMISK	METOD
KLIMAT	MINERALER
DATA	MOLEKYLER
EVOLUTION	NATUR
EXPERIMENT	ORGANISM
FAKTUM	PARTIKLAR
FOSSIL	FYSIK
ALLVAR	VÄXTER
HYPOTES	FORSKARE

34 - Beauty

```
W  S  F  I  D  X  H  J  H  T  B  F  P  L
J  T  U  A  K  S  S  U  T  R  A  O  R  M
T  J  Ä  N  S  T  E  R  D  S  X  T  O  A
S  O  Z  R  O  J  L  O  M  W  E  O  D  S
N  P  T  F  I  T  S  P  P  Ä  L  G  U  C
A  F  E  I  C  A  X  M  L  B  E  E  K  A
G  V  A  G  G  M  R  A  H  C  G  N  T  R
E  Z  W  R  E  Z  P  H  S  A  A  I  E  A
L  W  L  Ä  V  L  T  C  D  Å  N  S  R  P
E  N  Y  F  J  Y  R  S  T  D  T  K  A  G
R  G  K  O  S  M  E  T  I  K  A  N  K  J
X  E  C  Y  T  P  U  F  L  A  K  I  C  Z
S  T  Y  L  I  S  T  O  U  S  T  M  O  S
F  O  G  A  Y  L  L  D  S  Z  K  S  L  Y
```

CHARM	MASCARA
FÄRG	SPEGEL
KOSMETIKA	OLJOR
LOCKAR	FOTOGENISK
ELEGANS	PRODUKTER
ELEGANT	SAX
DOFT	TJÄNSTER
NÅD	SCHAMPO
LÄPPSTIFT	HUD
SMINK	STYLIST

35 - Clothes

```
B  S  B  S  T  J  O  E  W  Z  K  T  B  S
F  Ä  L  A  I  E  G  N  I  N  N  Ä  L  K
Ö  S  L  A  L  A  P  Ä  L  S  U  L  B  J
R  J  N  T  T  N  H  A  L  S  D  U  K  O
K  K  A  O  E  S  S  M  Y  C  K  E  N  R
L  Z  J  C  P  A  Y  I  V  E  L  T  H  T
Ä  W  Ö  H  K  P  Y  J  A  M  A  S  A  A
D  V  R  U  A  A  Y  Z  J  A  X  D  N  R
E  I  T  L  D  T  G  C  Z  Y  C  N  D  W
B  Y  X  O  R  R  T  K  K  I  M  A  S  I
L  P  F  J  N  D  V  F  K  J  C  B  K  W
I  D  O  K  S  U  T  V  X  A  U  M  A  Y
M  O  D  E  S  A  N  D  A  L  E  R  R  W
H  N  L  N  T  F  V  B  V  F  Z  A  L  A
```

FÖRKLÄDE	JEANS
BÄLTE	SMYCKEN
BLUS	PYJAMAS
ARMBAND	BYXOR
PÄLS	SANDALER
KLÄNNING	HALSDUK
MODE	SKJORTA
HANDSKAR	SKO
HATT	KJOL
JACKA	TRÖJA

36 - Ethics

```
R  M  N  D  V  Ä  L  V  I  L  L  I  G  I
A  Ä  M  S  I  L  A  E  R  K  V  T  I  N
T  N  S  N  T  P  X  C  D  J  I  Å  L  T
I  S  I  A  E  P  L  B  Y  D  S  L  M  E
O  K  M  R  H  B  Z  O  Z  Y  D  A  I  G
N  L  I  E  G  E  G  L  M  X  O  M  R  R
A  I  T  L  I  T  P  J  O  A  M  O  Z  I
L  G  P  O  L  E  H  W  B  Z  T  D  A  T
I  H  O  T  N  B  S  L  Y  K  S  I  B  E
T  E  W  M  Ä  R  L  I  G  H  E  T  S  T
E  T  T  R  V  A  E  Z  G  J  Y  L  F  K
T  E  N  B  S  M  A  L  T  R  U  I  S  M
X  N  U  S  A  A  L  S  N  Ä  K  D  E  M
X  A  O  J  R  S  F  I  L  O  S  O  F  I
```

ALTRUISM
VÄLVILLIG
MEDKÄNSLA
SAMARBETE
DIPLOMATISK
ÄRLIGHET
MÄNSKLIGHETEN
INTEGRITET
VÄNLIGHET

OPTIMISM
TÅLAMOD
FILOSOFI
RATIONALITET
REALISM
RIMLIG
TOLERANS
VISDOM

37 - Astronomy

```
A G N I N M Ä J G A D H G K
S S I K F W E N Å M R H A O
U F T N D U H T Y T O A L N
P Ö E R I Z X Y E J J S A S
E R K K O G A K S O V T X T
R M A O R N E R A H R R H E
N Ö R S E I O H T I A O P L
O R E M T N U M E M D N L L
V K M O S L K W L M F A A A
A E N S A Å X E L E G U N T
R L K K L R L K I L A T E I
I S V K Y T V W T T J M T O
F E Y K F S R A T U U G E N
N E B U L O S A M U Y H E J
```

ASTEROID	METEOR
ASTRONAUT	MÅNE
ASTRONOM	NEBULOSA
KONSTELLATION	PLANET
KOSMOS	STRÅLNING
JORD	RAKET
FÖRMÖRKELSE	SATELLIT
DAGJÄMNING	HIMMEL
GALAX	SUPERNOVA

38 - Health and Wellness #2

```
X H R S I G E N E T I K B N
G Y Z J N N F R I S K A U Ä
R G H U F I H I C F I W T R
P I H K E N L R M N A R T I
X E G H K T D O O O P F O N
Y N T U S P L D N T F R G
C N P S I E M A K V I A K Y
B L O D O R E K U A T E N O
M W V I N F G H J L G N I A
I F K I P Å A C S L Y E N S
B H O J K P S J J E J R G O
S Z S J D T S Z N R P G A M
V T T I Z G A E E G K I D H
Y K V I T A M I N I J O V N
```

ALLERGI
ANATOMI
APTIT
BLOD
KALORI
UTTORKNING
KOST
SJUKDOM
ENERGI
GENETIK

FRISKA
SJUKHUS
HYGIEN
INFEKTION
MASSAGE
NÄRING
PÅFRESTNING
VITAMIN
VIKT

39 - Time

```
V E P X O O X R A I J L A H
E N W M E X M J E D X K U E
C L L T G W V F G A D D I M
K S T U C M H T I G J D B K
A Z U O X V R E D N E L A K
Å E N V M T V X A O I D L Å
E R Ö F I T J A G G K S K R
M R T D T G S J A R B K J L
M I A I L I V A X O N L X I
I U Z T O V D M S M W O M G
T H Y M Z N T I I J X C Å R
W K A A H L D H G N Y K N U
S N A R T N N E C R U A E B
G V T F M Å N A D H T T A N
```

ÅRLIG	MÅNAD
FÖRE	MORGON
KALENDER	NATT
KLOCKA	MIDDAG
DAG	NU
ÅRTIONDE	SNART
TIDIG	IDAG
FRAMTID	VECKA
TIMME	ÅR
MINUT	

40 - Buildings

```
W  S  N  R  F  M  T  O  T  A  S  X  J  O
W  N  P  X  A  U  O  T  E  Z  L  E  D  B
S  A  W  I  G  S  R  F  A  P  L  T  T  S
M  T  V  R  Z  E  N  S  T  F  S  Y  P  E
P  S  U  H  K  U  J  S  E  U  F  I  Z  R
C  R  B  G  T  M  G  P  R  K  M  Y  O  V
B  Ä  O  D  A  S  S  A  B  M  A  U  S  A
A  F  V  A  N  D  R  A  R  H  E  M  L  T
L  F  G  W  U  C  T  Y  R  D  S  D  O  O
L  A  B  O  R  A  T  O  R  I  U  M  T  R
E  T  L  Ä  T  E  H  N  E  G  Ä  L  T  I
T  A  N  O  I  D  A  T  S  B  R  O  C  U
O  M  G  E  K  I  R  B  A  F  I  S  P  M
H  N  Y  X  A  S  L  A  D  A  Y  O  B  H
```

LÄGENHET	LABORATORIUM
LADA	MUSEUM
STUGA	OBSERVATORIUM
SLOTT	SKOLA
BIO	STADION
AMBASSAD	MATAFFÄR
FABRIK	TÄLT
SJUKHUS	TEATER
VANDRARHEM	TORN
HOTELL	

41 - Philanthropy

Ä	B	E	H	Ö	V	E	R	X	H	A	W	L	G
K	R	A	G	N	I	N	A	M	T	U	B	C	E
C	J	L	F	I	N	A	N	S	I	S	B	C	M
L	R	Å	I	U	W	G	R	U	P	P	E	R	E
E	J	M	K	G	I	L	T	N	E	F	F	O	N
B	N	R	N	P	H	R	U	T	V	K	K	V	S
P	A	T	E	H	N	E	R	Ö	G	L	Ä	V	K
R	U	R	F	I	Y	T	T	Y	A	E	J	Z	A
O	N	V	N	S	M	K	X	G	R	D	N	M	P
G	G	F	Y	T	Z	A	H	X	D	E	Y	G	X
R	D	U	V	O	S	T	J	N	P	M	R	K	L
A	O	F	A	R	E	N	O	D	P	U	W	H	V
M	M	V	S	I	H	O	B	O	U	D	B	C	H
I	U	N	J	A	J	K	S	G	U	Z	V	J	E

UTMANINGAR   GRUPPER
VÄLGÖRENHET   HISTORIA
BARN   ÄRLIGHET
GEMENSKAP   UPPDRAG
KONTAKTER   BEHÖVER
DONERA   PROGRAM
FINANS   OFFENTLIG
MEDEL   UNGDOM
MÅL

42 - Herbalism

```
R  P  E  R  S  I  L  J  A  N  A  J  J  O
F  O  U  C  A  A  R  O  M  A  T  I  S  K
D  Ä  S  N  E  I  D  E  R  G  N  I  W  W
L  T  N  M  M  B  Y  S  U  Z  Y  O  X  K
V  X  W  K  A  E  X  K  G  T  M  X  Y  A
D  Ä  R  O  Å  R  L  A  V  E  N  D  E  L
R  V  L  H  C  L  I  W  W  O  Ö  V  N  X
A  W  H  G  F  Z  U  N  U  Z  R  S  X  T
G  X  A  R  Ö  N  S  K  I  X  G  B  N  B
O  G  T  N  A  R  F  F  A  S  H  D  E  S
N  V  K  J  Z  M  A  R  J  E  M  O  L  M
B  L  O  M  M  A  O  N  A  G  E  R  O  A
T  R  Ä  D  G  Å  R  D  D  D  Z  X  D  K
V  I  T  L  Ö  K  P  M  K  E  E  R  D  A
```

AROMATISK	LAVENDEL
VÄLGÖRANDE	MEJRAM
FÄNKÅL	MYNTA
SMAK	OREGANO
BLOMMA	PERSILJA
TRÄDGÅRD	VÄXT
VITLÖK	ROSMARIN
GRÖN	SAFFRAN
INGREDIENS	DRAGON

43 - Vehicles

```
L  T  S  P  S  X  M  R  C  Y  K  E  L  M
A  U  M  J  K  S  S  N  A  L  U  B  M  A
S  N  O  M  Y  L  B  G  R  K  L  A  S  T
T  N  T  B  T  D  U  A  E  D  E  U  I  N
B  E  O  H  T  D  I  V  L  K  D  T  R  N
I  L  R  Z  E  T  B  S  T  A  X  I  E  F
L  B  I  C  L  R  Å  U  Å  L  F  W  T  N
Y  A  Y  B  H  A  T  H  B  E  L  P  P  M
D  N  D  Z  N  K  A  F  U  S  O  C  O  L
G  A  D  E  S  T  P  Ä  R  E  T  O  K  S
J  R  B  Ä  W  O  N  R  J  V  T  K  I  H
O  M  U  J  C  R  X  J  N  P  E  S  L  B
U  F  S  M  A  K  V  A  D  F  U  S  E  V
T  T  S  F  L  Y  G  P  L  A  N  U  H  X
```

FLYGPLAN	FLOTTE
AMBULANS	RAKET
CYKEL	SKOTER
BÅT	SKYTTEL
BUSS	UBÅT
BIL	TUNNELBANA
HUSVAGN	TAXI
FÄRJA	DÄCK
HELIKOPTER	TRAKTOR
MOTOR	LASTBIL

44 - Flowers

```
V T X M A G N O L I A G G H
M S T I S H G N D B X V T C
T U S E N S K Ö N A J L I L
M É D I K R O T Z J L P A M
S O D K U U A R F L I I J A
U A M M O L B G N I R V L S
K R O N B L A D K L G A E K
S S J A N X I J L K A L D R
I O A P O R R P Ö S R L N O
B L S L J X E X V Å D M E S
I R M U J R M L E P E O V J
H O I T F S U U R Z N H A Z
D S N E H Y L X X F I Y L G
P I O N R S P B Z P A L A L
```

BUKETT
RINGBLOMMA
KLÖVER
PÅSKLILJA
TUSENSKÖNA
MASKROS
GARDENIA
HIBISKUS
JASMIN
LAVENDEL

LILA
LILJA
MAGNOLIA
ORKIDÉ
PION
KRONBLAD
PLUMERIA
VALLMO
SOLROS
TULPAN

45 - Health and Wellness #1

```
I  M  H  S  G  A  N  A  V  F  M  A  B  Z
J  B  L  U  D  P  A  Z  K  K  E  V  E  B
K  V  Z  R  D  O  A  S  E  L  D  K  H  E
I  P  C  I  J  T  J  I  T  O  I  O  A  O
N  N  W  V  Ö  E  C  M  I  V  C  P  N  B
I  E  V  B  H  K  K  Z  D  J  I  P  D  E
L  M  R  E  N  O  M  R  O  H  N  L  L  N
K  L  U  V  I  T  K  A  D  O  C  I  I  H
F  Ä  D  S  E  T  E  R  A  P  I  N  N  P
D  K  P  O  K  R  C  B  I  D  O  G  G  O
A  A  B  R  U  L  F  R  A  K  T  U  R  Z
Z  R  M  S  J  L  E  I  R  E  T  K  A  B
X  E  L  F  E  R  Z  R  H  U  N  G  E  R
Y  D  H  Y  T  A  H  T  G  T  O  T  F  O
```

AKTIV	MEDICIN
BAKTERIE	MUSKLER
BEN	NERVER
KLINIK	APOTEK
LÄKARE	REFLEX
FRAKTUR	AVKOPPLING
VANA	HUD
HÖJD	TERAPI
HORMONER	BEHANDLING
HUNGER	VIRUS

46 - Town

```
D H R D T E D H U Z F M B O
C D T K G E Y P C W L U A H
S K O L A M A I W N Y S G Z
T N G B M W U T O E G E A O
E A I A M X N N E B P U L O
B B B B V R I O W R L M L W
M A H O N H V I É F A K E M
A T G F U K E D M B T H R A
T O A E E I R A P I S H I R
A S U G R N S T R O K O I K
F L J A K I I S P G Z T K N
F T K L S L T M U K A E P A
Ä I H F B K E T O P A L Z D
R S B V R J T R I U W L C X
```

FLYGPLATS	MUSEUM
BAGERI	APOTEK
BANK	SKOLA
KAFÉ	STADION
BIO	LAGRA
KLINIK	MATAFFÄR
GALLERI	TEATER
HOTELL	UNIVERSITET
MARKNAD	ZOO

47 - Antarctica

```
V  Ö  J  Y  B  Y  F  W  K  A  L  A  C  E
E  J  V  R  E  R  Ä  I  C  A  L  G  T  X
T  L  V  L  V  A  M  F  S  F  H  L  A  P
E  I  A  S  A  Ö  I  I  Å  Y  Z  B  Y  E
N  M  T  E  R  H  N  F  V  G  H  W  Z  D
S  I  T  U  A  K  E  A  A  V  L  C  P  I
K  X  E  I  N  E  R  R  N  R  Y  A  E  T
A  P  N  O  D  P  A  G  Y  D  G  H  R  I
P  X  N  O  E  N  L  O  M  A  L  O  W  O
L  R  U  T  A  R  E  P  M  E  T  N  E  N
I  E  R  A  K  S  R  O  F  V  I  K  K  G
G  I  N  E  T  S  C  T  F  H  V  D  J  N
K  O  N  T  I  N  E  N  T  F  K  C  W  H
M  I  G  R  A  T  I  O  N  O  Z  C  G  N
```

VIK	ÖAR
FÅGLAR	MIGRATION
MOLN	MINERALER
BEVARANDE	HALVÖ
KONTINENT	FORSKARE
MILJÖ	STENIG
EXPEDITION	VETENSKAPLIG
GEOGRAFI	TEMPERATUR
GLACIÄRER	TOPOGRAFI
IS	VATTEN

48 - Ballet

```
B  A  L  L  E  R  I  N  A  P  O  M  K  A
K  I  T  G  T  V  C  D  I  U  R  U  O  P
G  M  E  R  R  A  V  X  N  B  K  S  R  P
Z  G  K  A  J  Ö  R  J  T  L  E  I  E  L
P  I  N  C  S  V  T  L  E  I  S  K  O  Å
R  B  I  I  F  V  G  I  N  K  T  M  G  D
Ö  Y  K  Ö  F  T  E  T  S  K  E  M  R  E
N  V  T  S  J  X  S  S  I  O  R  U  A  R
T  D  A  M  O  Y  T  A  T  J  P  S  F  Z
M  U  S  K  L  E  R  G  E  U  K  M  I  W
D  A  N  S  A  R  E  P  T  P  S  H  O  T
L  E  K  T  I  O  N  E  R  L  U  B  Z  K
U  T  T  R  Y  C  K  S  F  U  L  L  Y  S
K  O  N  S  T  N  Ä  R  L  I  G  G  W  O
```

APPLÅDER	INTENSITET
KONSTNÄRLIG	LEKTIONER
PUBLIK	MUSKLER
BALLERINA	MUSIK
KOREOGRAFI	ORKESTER
KOMPOSITÖR	ÖVA
DANSARE	RYTM
UTTRYCKSFULL	STIL
GEST	TEKNIK
GRACIÖS	

49 - Fashion

```
D  G  J  E  L  T  U  J  V  C  B  G  A  I
N  Y  E  L  K  B  O  U  T  I  Q  U  E  T
E  T  R  E  N  R  E  D  O  M  O  K  J  H
R  U  B  G  A  H  R  O  S  R  M  S  I  J
T  R  L  A  P  T  P  R  H  S  F  I  O  O
J  A  Y  N  P  R  C  A  P  D  F  T  C  R
P  G  G  T  A  P  G  X  J  C  X  K  N  I
R  N  S  D  R  Ä  V  S  I  R  P  A  V  G
E  I  A  A  E  U  B  R  O  D  E  R  I  I
T  N  M  R  D  W  T  O  T  D  M  P  P  N
S  T  I  L  Ä  Z  T  X  S  P  E  T  S  A
N  Ä  F  U  L  U  V  X  E  G  P  H  L  L
Ö  M  Ä  V  K  E  B  H  J  T  I  C  X  V
M  I  N  I  M  A  L  I  S  T  I  S  K  R
```

PRISVÄRD
BOUTIQUE
KNAPPAR
KLÄDER
BEKVÄM
ELEGANT
BRODERI
DYR
TYG
SPETS

MÄTNINGAR
MINIMALISTISK
MODERN
BLYGSAM
ORIGINAL
MÖNSTER
PRAKTISK
STIL
TEXTUR
TREND

50 - Human Body

```
N D N A H J Ä R N A K A H A
Ä U X H F I N G E R U E G R
S H J W J M H K B I W X R M
A E C X H Ä J Y L T E U O B
W L F F G Y R E E K R J E Å
J X Z J P W A T X Ä Z Z C G
M X C H K Y P C A K S F R E
P I K B N A P K E E J I P X
H A L S Ä F Ä X L C F B N M
T I J Z V Z L H D M Y J I B
P U C J I S V K O U U Y H F
Ö F O T L E D U L N V S K L
R R E W Y E Y M B H P U S V
Y J A A N S I K T E D I H H
```

FOTLED	HUVUD
BLOD	HJÄRTA
BEN	KÄKE
HJÄRNA	KNÄ
HAKA	LÄPPAR
ÖRA	MUN
ARMBÅGE	HALS
ANSIKTE	NÄSA
FINGER	AXEL
HAND	HUD

51 - Musical Instruments

```
L M F D S S F U P O H K O M
J D A M J W L X W I J J B A
M X O R X V Ö G S V A Y O N
S U M G I O J N A B P N E D
L T N Z C M T O T T R S O O
A T F S P T B G R R A A L L
G A A R P T V A U U H X L I
V M G V N E C R M M T O E N
E B O L V N L T M P R F C G
R U T N J I O E A E O O O I
K R T M S R I D Z T M N I T
P I T B G A F X J R B A P A
L N M G L L S O N K O T S R
F S D T D K O N T Z N U X R
```

BANJO
FAGOTT
CELLO
KLARINETT
TRUMMA
FLÖJT
GONG
GITARR
MUNSPEL
HARPA

MANDOLIN
MARIMBA
OBOE
SLAGVERK
PIANO
SAXOFON
TAMBURIN
TROMBON
TRUMPET
FIOL

52 - Fruit

```
H S I N M C W S H I A D A M
P Ä R O N A S P W G W T V E
K I Ä R V R N K E U H I O L
K L B W K O G G S A A S K O
P S I E R V U W O V L L A N
Z U K O K O S S K A L K D O
P E R S I K A K I U O A O K
K Ö R S B Ä R X R L N N S I
C L W R N Y Ä P P L E A N F
P V B P A P A Y A R Y N V M
R D A I N V R G P X O A M T
H D P Y A W U V E U M S H D
O S Y L B J X R C I T R O N
N E K T A R I N D M H P T H
```

ÄPPLE	KIWI
APRIKOS	CITRON
AVOKADO	MANGO
BANAN	MELON
BÄR	NEKTARIN
KÖRSBÄR	PAPAYA
KOKOS	PERSIKA
FIKON	PÄRON
DRUVA	ANANAS
GUAVA	HALLON

53 - Virtues #1

```
P  Å  L  I  T  L  I  G  G  H  I  F  P  O
O  P  S  Ä  K  E  R  D  E  L  N  A  A  F
K  C  H  A  R  M  I  G  N  R  T  N  T  D
P  O  F  M  B  E  S  S  E  H  E  T  I  E
O  R  N  J  R  K  M  F  R  J  L  A  E  A
L  B  A  S  A  V  S  F  Ö  Ä  L  S  N  V
S  G  E  K  T  O  C  F  S  L  I  I  T  G
A  V  Z  R  T  N  V  I  D  P  G  F  Z  Ö
K  L  O  K  O  I  Ä  R  T  S  E  U  M  R
R  E  N  V  W  E  S  R  L  A  N  L  O  A
N  E  K  I  F  Y  N  K  L  M  T  L  I  N
B  L  Y  G  S  A  M  D  G  I  L  O  R  D
E  F  F  E  K  T  I  V  E  K  G  V  F  E
P  A  S  S  I  O  N  E  R  A  D  M  T  U
```

KONSTNÄRLIG	HJÄLPSAM
CHARMIG	FANTASIFULL
REN	OBEROENDE
SÄKER	INTELLIGENT
NYFIKEN	BLYGSAM
AVGÖRANDE	PASSIONERAD
EFFEKTIV	PATIENT
ROLIG	PRAKTISK
GENERÖS	PÅLITLIG
BRA	KLOK

54 - Engineering

```
M V E N E R G I A L B U P R
A Ä I V O Z P S T E E R P O
R G T N Ä V O N W S R E U T
G I Y N K T J O J E Ä D M O
A D O A I E S R N I K S A M
I B Z D F N L K O D N K A F
D N X W H C G Z A F I A X P
S T A B I L I T E T N P E F
C D I A M E T E R A G A L D
Y F R A M D R I V N I N G J
K O N S T R U K T I O N U U
S T Y R K A S P A K A R B P
D I S T R I B U T I O N M U
S T R U K T U R G C H Z E G
```

VINKEL   REDSKAP
AXEL   SPAKAR
BERÄKNING   VÄTSKA
KONSTRUKTION   MASKIN
DJUP   MÄTNING
DIAGRAM   MOTOR
DIAMETER   FRAMDRIVNING
DIESEL   STABILITET
DISTRIBUTION   STYRKA
ENERGI   STRUKTUR

55 - Kitchen

```
X  R  A  U  T  E  M  E  D  E  N  S  V  S
I  K  R  U  B  U  G  N  G  D  K  K  L  E
V  R  R  A  N  N  I  P  T  Ä  Y  E  E  R
F  A  X  Y  W  M  I  C  N  L  L  D  P  V
R  P  T  N  D  D  F  L  K  K  S  A  I  E
Y  P  A  T  X  D  M  L  A  R  K  R  F  T
S  O  M  S  E  J  O  I  N  Ö  Å  P  S  T
R  K  F  Y  G  N  H  R  N  F  P  J  W  S
E  J  Y  O  X  I  K  G  A  S  A  C  Z  O
G  A  F  F  L  A  R  O  R  A  V  I  N  K
P  O  O  D  D  K  R  E  K  W  P  A  A  S
Z  L  Å  K  S  L  E  V  L  A  X  D  M  Z
K  M  G  H  D  V  B  I  S  H  R  J  J  P
R  E  C  E  P  T  W  X  A  L  U  E  N  D
```

FÖRKLÄDE	VATTENKOKARE
SKÅL	KNIVAR
ÄTPINNAR	SLEV
KOPPAR	SERVETT
MAT	UGN
GAFFLAR	RECEPT
FRYS	KYLSKÅP
GRILL	KRYDDOR
BURK	SVAMP
KANNA	SKEDAR

56 - Government

```
D G L D K K C N T M O F I Z
R I V U L J I W N E B R Z Y
T L S L A G V E V D E E Y O
J S B T T F I R B B R D N M
T T M I R Y L T N O O L O O
E T E N O I T A N R E I I N
H Ä K I U N K T L G N S S U
I R V I L H E T C A D U S M
R Ä T T V I S A R R E Y U E
F N O I T U T I T S N O K N
V Z L E D A R E A K B G S T
J Ä M L I K H E T A H U I Y
S Y M B O L W Y S P X R D F
L U A P O L I T I K A P O F
```

MEDBORGARSKAP
CIVIL
KONSTITUTION
DISKUSSION
DISTRIKT
JÄMLIKHET
OBEROENDE
RÄTTSLIG
RÄTTVISA
LAG

LEDARE
FRIHET
MONUMENT
NATION
FREDLIG
POLITIK
TAL
STAT
SYMBOL

57 - Art Supplies

```
K  C  Ä  L  B  K  W  W  K  P  A  T  P  I
A  R  N  S  S  X  Z  K  J  E  K  R  A  C
K  A  E  G  T  U  J  B  G  N  R  Ä  P  Z
V  T  T  A  M  A  D  P  W  N  Y  K  P  T
A  S  T  R  T  X  F  D  A  O  L  O  E  A
R  R  A  E  A  I  Y  F  G  R  W  L  R  B
E  O  V  M  C  P  V  L  L  U  A  I  J  E
L  B  J  A  R  E  L  I  O  I  M  D  H  L
L  X  U  K  L  I  M  P  T  R  Y  M  N  L
E  S  C  B  I  I  O  J  S  E  C  O  I  S
R  X  S  F  Ä  R  G  E  R  É  T  L  D  E
L  E  G  D  F  V  R  W  B  D  B  J  R  U
U  M  W  J  Y  Y  Ä  X  T  I  A  A  Z  O
J  V  X  Y  T  E  F  W  O  O  R  F  D  T
```

AKRYL	LIM
BORSTAR	IDÉER
KAMERA	BLÄCK
STOL	OLJA
TRÄKOL	FÄRG
LERA	PAPPER
FÄRGER	PENNOR
KREATIVITET	TABELL
STAFFLI	VATTEN
SUDDGUMMI	AKVARELLER

58 - Science Fiction

```
O F B I P O T U M K P K A R
K Y S D L R Ä V G E J S T J
S C M G O A B E I M R I O M
I H D R O K T Z Y I I T M N
T D L Y G E H A N K L S X C
S R E Z S L E O G A L A O E
Y A O I O T O H A L U T F D
M T I G T K O I A I S N R M
E O B Y E N Z P A E I A G I
L B B O Z N Z H I R O F A T
G O B Ö C K E R N R N P L K
L R Ä N I G A M I P Z T A P
H A R V S N O I S O L P X E
X U P L A N E T T E K N I K
```

ATOM
BÖCKER
KEMIKALIER
BIO
DYSTOPI
EXPLOSION
EXTREM
FANTASTISK
ELD
TROGEN

GALAX
ILLUSION
IMAGINÄR
MYSTISK
ORAKEL
PLANET
ROBOTAR
TEKNIK
UTOPI
VÄRLD

59 - Geometry

```
K C H V J M F U J P S H D D
F U A I O A B W K J E O F I
U E R D D S I X S U G R E A
C I V V F S C K E A M I K M
C G J Z A A M U T J E S V E
D I M E N S I O N V N O A T
Z Z T A L O G I K Y T N T E
G N I N K Ä R E B T O T I R
P A R A L L E L L A M E O J
A I S C L E K N I V W L N A
N D J Ö H Y K B N M I L U S
D E F I Z P I R T E M M Y S
E M S I F F R A I W Z O G S
L M O P T E O R I C W T O N
```

VINKEL
BERÄKNING
CIRKEL
KURVA
DIAMETER
DIMENSION
EKVATION
HÖJD
HORISONTELL
LOGIK

MASSA
MEDIAN
SIFFRA
PARALLELL
ANDEL
SEGMENT
YTA
SYMMETRI
TEORI

60 - Airplanes

```
M  B  E  S  Ä  T  T  N  I  N  G  G  K  P
P  O  Y  B  L  A  N  D  N  I  N  G  B  I
T  P  T  F  U  L  E  M  M  I  H  H  H  L
T  S  M  O  K  R  Ä  H  S  S  O  V  P  O
E  X  U  O  R  Ä  F  S  O  M  T  A  R  T
K  O  N  S  T  R  U  K  T  I  O  N  O  H
Ä  D  T  U  R  B  U  L  E  N  S  S  P  Ö
X  V  E  T  Ä  V  W  G  A  A  Z  A  E  J
L  E  E  S  H  I  S  T  O  R  I  A  L  D
T  T  C  N  I  L  K  V  A  N  M  M  L  T
U  M  T  Z  T  G  N  O  L  L  A  B  E  F
K  F  D  R  Z  Y  N  E  L  S  N  Ä  R  B
W  T  I  E  R  A  R  E  G  A  S  S  A  P
G  R  V  R  I  K  T  N  I  N  G  A  A  P
```

ÄVENTYR	BRÄNSLE
LUFT	HÖJD
ATMOSFÄR	HISTORIA
BALLONG	VÄTE
KONSTRUKTION	LANDNING
BESÄTTNING	PASSAGERARE
HÄRKOMST	PILOT
DESIGN	PROPELLER
RIKTNING	HIMMEL
MOTOR	TURBULENS

61 - Ocean

```
R  F  M  A  N  E  T  X  T  J  F  O  K  G
E  Ä  I  F  T  S  T  R  I  U  H  M  P  A
G  Z  K  S  J  A  H  M  D  Z  E  R  W  G
L  O  S  A  K  L  D  K  V  B  D  S  O  B
A  F  I  D  T  T  C  M  A  N  V  P  S  L
B  Z  F  D  S  N  H  F  T  W  A  L  T  Ä
B  V  N  A  K  P  T  C  T  A  L  U  R  C
A  J  O  P  B  C  K  H  E  X  C  G  O  K
R  Z  T  D  M  K  B  P  N  R  E  V  N  F
K  Y  A  L  H  A  A  V  I  T  Å  N  G  I
H  T  W  Ö  Å  L  V  G  F  R  D  U  P  S
E  O  U  K  P  G  R  S  L  L  A  R  O  K
U  L  B  S  X  Y  U  E  E  S  T  O  R  M
O  H  K  H  F  P  O  C  D  T  F  B  K  V
```

ALGER	SALT
KORALL	TÅNG
KRABBA	HAJ
DELFIN	RÄKA
ÅL	SVAMP
FISK	STORM
MANET	TIDVATTEN
BLÄCKFISK	TONFISK
OSTRON	SKÖLDPADDA
REV	VAL

62 - Force and Gravity

```
M  D  V  D  U  T  I  N  G  A  M  B  C  D
N  E  G  I  D  N  Å  T  S  V  A  J  U  Y
T  S  K  T  N  O  I  S  N  A  P  X  E  N
E  L  O  A  N  N  B  V  T  Z  E  Y  I  A
G  E  M  V  N  O  K  C  E  A  X  E  L  M
E  R  L  I  T  I  T  E  H  R  M  F  G  I
N  Ö  O  K  J  T  K  N  G  U  S  H  J  S
S  R  P  T  H  K  O  T  I  P  I  E  X  K
K  U  P  E  Z  I  D  R  T  P  T  F  L  G
A  G  S  S  F  R  U  U  S  T  E  Y  S  L
P  L  B  W  O  F  Y  M  A  Ä  N  S  U  L
E  X  A  K  R  E  E  M  H  C  G  I  Y  G
R  A  N  G  Z  O  F  K  P  K  A  K  D  M
A  R  A  T  R  Y  C  K  T  T  M  E  R  D
```

AXEL	MEKANIK
CENTRUM	RÖRELSE
UPPTÄCKT	OMLOPPSBANA
AVSTÅND	FYSIK
DYNAMISK	TRYCK
EXPANSION	EGENSKAPER
FRIKTION	HASTIGHET
EFFEKT	TID
MAGNETISM	UNIVERSELL
MAGNITUD	VIKT

63 - Birds

```
K  Ö  G  M  R  P  G  Å  S  X  H  T  B  Ä
M  A  G  O  X  G  A  Y  P  E  Ä  O  W  G
N  K  N  A  V  S  Z  P  J  L  G  U  O  G
V  N  I  A  M  Å  S  V  E  E  C  G  E
V  A  L  H  R  E  B  T  J  G  R  A  N  Y
K  O  K  P  E  I  B  B  L  Å  O  N  I  T
R  P  C  C  Y  S  E  T  Y  F  S  J  M  O
Å  H  Y  G  Z  E  Y  F  R  Å  E  T  A  P
K  U  K  W  P  S  P  D  Å  P  R  A  L  I
A  S  P  T  O  H  P  G  F  G  B  E  F  N
S  T  R  U  T  S  L  A  I  L  E  T  A  G
S  T  O  R  K  V  T  C  R  L  G  L  W  V
P  E  L  I  K  A  N  R  Ö  V  O  O  X  I
U  G  S  E  G  J  P  P  D  X  E  P  E  N
```

KANARIEFÅGEL	HÄGER
KYCKLING	STRUTS
KRÅKA	PAPEGOJA
GÖK	PÅFÅGEL
ANKA	PELIKAN
ÖRN	PINGVIN
ÄGG	SPARV
FLAMINGO	STORK
GÅS	SVAN
MÅS	TOUCAN

64 - Nutrition

```
M A T S M Ä L T N I N G D Ä
V N Ä R I N G S Ä M N E O T
S A Z O T B S M A K B E P L
L S N N W A D M Z U I S I I
K L I O L L D S O O U K T G
O Ä X V R A K A L O R I E R
S H O I L N J A P K E H T R
T Å T K H S Ä D F I J V I T
K S S T H E S B R N B I L C
A P T I T R N N I V I T A T
I V V J O A I E S E T A V X
Z A O I B D N G K B T M K Y
C R X H A J G O A T E I A H
P R O T E I N E R D R N I X
```

APTIT	HÄLSA
BALANSERAD	FRISKA
BITTER	NÄRINGSÄMNE
KALORIER	PROTEINER
KOST	KVALITET
MATSMÄLTNING	SÅS
ÄTLIG	TOXIN
JÄSNING	VITAMIN
SMAK	VIKT
VANOR	

65 - Hiking

```
K  V  Z  K  E  Z  K  V  F  C  L  K  K  A
L  S  B  A  F  Z  S  C  B  Y  Z  N  T  Y
I  O  L  R  V  R  T  G  R  I  S  K  E  R
M  S  S  T  I  X  E  N  H  K  Z  V  T  U
A  S  A  A  L  G  N  I  P  M  A  C  Ö  J
T  P  X  U  D  N  A  R  U  T  A  N  M  D
T  N  P  X  S  U  R  E  B  Y  U  A  P  V
Ö  E  D  I  J  T  A  T  E  S  J  W  P  P
R  T  H  L  L  R  L  N  R  D  S  M  O  G
T  T  C  X  K  K  V  E  G  K  I  D  T  H
P  A  R  K  E  R  Ö  I  R  M  I  U  V  J
Y  V  R  W  J  Y  T  R  O  P  N  X  G  Y
J  U  N  M  Z  R  S  O  C  P  U  F  P  Y
F  Ö  R  B  E  R  E  D  E  L  S  E  I  J
```

DJUR	NATUR
STÖVLAR	ORIENTERING
CAMPING	PARKER
KLIPPA	FÖRBEREDELSE
KLIMAT	STENAR
GUIDE	TOPPMÖTE
RISKER	SOL
TUNG	TRÖTT
KARTA	VATTEN
BERG	VILD

66 - Professions #1

```
U  A  K  S  R  E  T  Ö  K  S  K  U  J  S
I  X  L  Y  R  Ö  D  A  S  S  A  B  M  A
L  Ä  K  A  R  E  R  A  N  Ä  R  T  U  G
X  F  R  A  K  R  R  M  B  T  G  T  S  O
W  T  S  I  N  A  I  P  O  I  G  U  I  A
B  D  A  B  M  R  R  Y  X  K  N  J  K  S
A  A  D  W  V  E  L  E  T  W  A  B  E  T
N  N  V  F  N  L  A  R  D  U  O  R  R  R
K  S  O  H  Y  E  L  A  L  A  M  D  E  O
I  A  K  U  V  V  A  G  X  S  K  W  T  N
R  R  A  O  L  U  E  Ä  W  I  U  T  Z  O
U  E  T  H  L  J  S  J  Ö  M  A  N  Ö  M
G  E  O  L  O  G  O  L  O  K  Y  S  P  R
S  K  R  Ä  D  D  A  R  E  Y  R  U  Z  T
```

AMBASSADÖR	JÄGARE
ASTRONOM	JUVELERARE
ADVOKAT	MUSIKER
BANKIR	SJUKSKÖTERSKA
TRÄNARE	PIANIST
DANSARE	RÖRMOKARE
LÄKARE	PSYKOLOG
REDAKTÖR	SJÖMAN
GEOLOG	SKRÄDDARE

67 - Barbecues

```
K  C  F  T  S  T  S  R  Z  N  L  G  A  B
I  Y  J  D  P  K  K  L  X  Y  N  R  C  M
S  L  C  K  E  U  P  V  R  E  Y  Ö  J  U
U  U  N  K  L  R  T  P  S  S  B  N  P  Y
M  O  R  A  L  F  F  A  G  B  G  S  A  H
G  R  I  L  L  I  V  M  H  F  N  A  J  O
R  E  Y  W  R  E  N  N  Ä  V  Y  K  J  K
F  T  A  M  A  Z  R  G  R  L  N  E  D  V
A  A  S  X  M  R  A  V  I  N  K  R  L  S
M  M  G  W  M  H  B  Z  H  A  F  S  D  Y
I  O  R  F  O  H  U  N  G  E  R  A  Å  D
L  T  V  A  S  Y  R  E  D  A  L  L  A  S
J  W  S  D  V  A  A  P  H  I  R  T  U  H
O  Y  E  G  V  M  I  D  D  A  G  E  R  F
```

KYCKLING	VARM
BARN	HUNGER
MIDDAG	KNIVAR
FAMILJ	MUSIK
MAT	SALLADER
GAFFLAR	SALT
VÄNNER	SÅS
FRUKT	SOMMAR
SPEL	TOMATER
GRILL	GRÖNSAKER

68 - Vegetables

G	I	R	Y	V	C	T	B	S	T	A	F	J	J
R	F	Ä	K	I	I	A	J	L	I	S	R	E	P
T	B	D	Ö	T	N	N	N	J	O	S	F	Z	R
S	R	I	L	L	G	E	D	V	C	M	L	F	O
A	O	S	N	Ö	E	P	T	R	O	A	K	I	V
L	C	A	E	K	F	S	L	X	C	P	O	Å	A
L	C	I	T	C	Ä	C	D	T	O	M	A	T	L
A	O	P	T	O	R	O	M	R	I	U	C	S	T
D	L	F	O	U	A	T	N	A	L	P	G	G	Ä
A	I	O	L	L	K	T	S	V	A	M	P	Y	M
M	N	X	A	Ö	R	I	R	E	L	L	E	S	V
P	G	N	H	K	U	M	J	Ä	D	U	O	O	W
N	J	R	C	W	G	M	P	U	X	G	T	R	B
W	T	F	S	X	F	P	D	H	U	C	W	K	G

BROCCOLI
MOROT
BLOMKÅL
SELLERI
GURKA
ÄGGPLANTA
VITLÖK
INGEFÄRA
SVAMP
LÖK

PERSILJA
ÄRTA
PUMPA
RÄDISA
SALLAD
SCHALOTTENLÖK
SPENAT
TOMAT
ROVA

69 - The Media

```
K  B  N  Å  X  H  K  G  K  K  U  V  E  U
X  G  I  N  S  H  P  K  O  O  P  F  N  T
U  I  L  L  Y  I  Z  V  M  M  P  A  S  B
A  L  V  D  D  G  K  A  M  M  K  X  K  I
V  T  B  A  X  E  I  T  E  U  O  R  I  L
Å  N  T  S  Z  G  R  K  R  N  P  B  L  D
G  E  W  I  P  N  T  A  S  I  P  N  D  N
T  F  X  J  T  D  S  F  I  K  L  Ä  A  I
U  F  E  C  R  Y  U  G  E  A  A  T  N  N
X  O  G  C  R  I  D  U  L  T  D  V  N  G
L  O  K  A  L  D  N  E  L  I  N  E  O  M
R  A  D  I  O  C  I  G  R  O  T  R  N  M
D  I  G  I  T  A  L  Y  L  N  H  K  S  V
I  N  T  E  L  L  E  K  T  U  E  L  L  H
```

ANNONS	ENSKILD
ATTITYDER	INDUSTRI
KOMMERSIELL	INTELLEKTUELL
KOMMUNIKATION	LOKAL
DIGITAL	NÄTVERK
UTGÅVA	UPPKOPPLAD
UTBILDNING	ÅSIKT
FAKTA	OFFENTLIG
BILDER	RADIO

70 - Boats

```
E  K  A  J  A  K  F  L  O  D  H  B  R  W
M  B  J  K  O  H  A  B  C  E  C  A  P  W
M  E  R  N  X  B  W  B  E  F  H  K  V  I
G  S  Ä  C  O  G  D  V  P  F  T  C  D  Z
N  Ä  F  K  A  N  O  T  S  A  M  O  W  C
M  T  H  C  A  Y  A  V  E  R  C  D  G  S
O  T  A  I  L  O  L  K  L  L  L  O  B  E
T  N  H  N  A  M  Ö  J  S  K  B  S  A  G
O  I  J  D  K  L  J  L  I  V  B  Å  T  E
R  N  Z  X  N  A  S  L  T  B  G  S  P  L
I  G  U  O  H  J  R  P  P  T  W  J  R  B
N  A  U  T  I  S  K  E  T  T  O  L  F  Å
I  N  X  D  L  U  G  R  A  X  B  G  C  T
T  I  D  V  A  T  T  E  N  M  L  S  H  G
```

ANKARE	MAST
BOJ	NAUTISK
KANOT	FLOTTE
BESÄTTNING	FLOD
DOCKA	REP
MOTOR	SEGELBÅT
FÄRJA	SJÖMAN
KAJAK	HAV
SJÖ	TIDVATTEN
LIVBÅT	YACHT

71 - Activities and Leisure

```
V O L L E Y B O L L O M X F
B O X N I N G N I P M A C O
A O J O B P Y V F O D M F T
G V J M D A H J A P Y Å S B
F E K S I F S Z L X K L I O
C B X O D O W K P W N N M L
G Y S X P S S A E H I I N L
I S R M X P R A P T N N I L
E R C V K B L E T U G G N O
S U R F I N G A S X U G G B
F A H A Z A L D N A H O O E
T Ä V L I N G S O D T L V S
M T E N N I S U K E E F H A
V A N D R I N G I R W Y J B
```

KONST
BASEBOLL
BASKET
BOXNING
CAMPING
DYKNING
FISKE
GOLF
VANDRING
MÅLNING

TÄVLINGS
AVKOPPLANDE
HANDLA
FOTBOLL
SURFING
SIMNING
TENNIS
RESA
VOLLEYBOLL

72 - Driving

```
B Z O V J V L T H W D R G X
N R D Ä S P E R A R Ö F A I
G V Ä G R M N K S T Y M R Z
S R O N A O N L T R L O A P
X Ä V H S L U E I A I L G O
M W K H M L T K G F C X E L
B O A E O A E Y H I E B O I
H P T R R J W C E K N I L S
I N R O B H X R T B S L Y K
K U A L R B E O R M K B C G
B R K W L I B T S A L Z K G
C O A G O V N O A B L I A Z
X X M A Z V S M F A R A S T
B B A S F O T G Ä N G A R E
```

OLYCKA	MOTOR
BROMSAR	MOTORCYKEL
BIL	FOTGÄNGARE
FARA	POLIS
FÖRARE	VÄG
BRÄNSLE	SÄKERHET
GARAGE	HASTIGHET
GAS	TRAFIK
LICENS	LASTBIL
KARTA	TUNNEL

73 - Professions #2

```
E  F  J  T  L  Ä  K  A  R  E  D  N  O  B
Y  S  T  U  I  N  G  E  N  J  Ö  R  E  S
Y  K  G  A  U  P  P  F  I  N  N  A  R  E
O  K  Z  N  L  I  N  G  V  I  S  T  Y  H
B  D  F  O  S  O  L  I  F  G  T  D  N  B
L  N  F  R  B  F  O  T  O  G  R  A  F  I
H  Ä  E  T  S  I  L  A  N  R  U  O  J  M
Z  A  R  S  P  T  O  Z  O  O  L  O  G  Å
C  U  H  A  A  S  J  L  R  A  L  B  B  L
Z  U  F  J  R  N  E  C  O  A  G  P  H  A
U  V  I  T  K  E  T  E  D  G  X  Y  P  R
T  A  N  D  L  Ä  K  A  R  E  C  R  S  E
P  I  L  O  T  W  K  I  R  U  R  G  F  X
B  P  F  O  R  S  K  A  R  E  D  E  G  Y
```

ASTRONAUT
BIOLOG
TANDLÄKARE
DETEKTIV
INGENJÖR
BONDE
UPPFINNARE
JOURNALIST
LINGVIST

MÅLARE
FILOSOF
FOTOGRAF
LÄKARE
PILOT
FORSKARE
KIRURG
LÄRARE
ZOOLOG

74 - Emotions

```
A V S L A P P N A D V I Ö L
K E L R Ä K L G D H E N M U
S O R G Z R D U W I N N H P
L T P C K X X L Z T U E E P
I S S N T A C K S A M H T H
R Ä D S L A S X H P C Å E E
L M Z F C U K W Y M O L H T
O E E J D Ä L G Y Y G L G S
Y Z D V J A D Y K S X X I A
S Y B A Ö H R R M G H H L D
O K U K N C Z E W X M V A E
Ö V E R R A S K N I N G S R
V Ä N L I G H E T E M I R F
L Ä T T N A D H M Z G R K Y
```

ILSKA	KÄRLEK
SALIGHET	FRED
LEDA	AVSLAPPNAD
INNEHÅLL	LÄTTNAD
GENERAD	SORG
UPPHETSAD	NÖJD
RÄDSLA	ÖVERRASKNING
TACKSAM	SYMPATI
GLÄDJE	ÖMHET
VÄNLIGHET	LUGN

75 - Mythology

```
W M E O D Ö D L I G H E T L
K N D B L I X T I D H K K E
F T N I R Y B A L A Ä U O G
K G E S L E R A V D M L C E
G A E S V K M K M Ö N T C N
U K T F K A D K G D D U A D
D S E A N A R H N L J R R K
O Å B P S E P T W I F Y K R
M K Z K W T U A S G L H E I
H I M M E L R L N J R L T G
E N U R V Ä H O P D U A Y A
D M C N O J I R F E E K P R
H S O B L H O T S G J Z A E
U N C E F S F M O N S T E R
```

ARKETYP   ODÖDLIGHET
BETEENDE   SVARTSJUKA
TRO   LABYRINT
SKAPANDE   LEGEND
VARELSE   BLIXT
KULTUR   MONSTER
GUDOM   DÖDLIG
KATASTROF   HÄMND
HIMMEL   ÅSKA
HJÄLTE   KRIGARE

76 - Hair Types

```
B F R I S K A M F N I L F F
M L T T T V F C U Z Z O Ä L
K N O K T Z X K N O V C R Ä
Y R T N U R B T O F E K G T
F P J E D N A N I K S A A A
K U I S W I Z F W J P R D D
E G L R E L H R H O B R V Z
X V C O X A A M S S N O F V
H E X T C T C E Å K H T I I
U Z R Ä N K U T R A V S K T
K U L L K U I N G L X G O C
I J X F L J D G N L I W R W
V Å G I G M M I T I I Y T M
T J O C K G N B J G N Å L V
```

SKALLIG
SVART
BLOND
FLÄTAD
FLÄTOR
BRUN
FÄRGAD
LOCKAR
LOCKIGT
TORR

GRÅ
FRISKA
LÅNG
SKINANDE
KORT
MJUK
TJOCK
TUNN
VÅGIG
VIT

77 - Garden

```
U Y Z A T T A M G N Ä H K M
C R V N I L O P M A R T B P
G M V M H E V D M S R D S C
O X W E U F A G A F C A Y H
M L L A E F P B D Ä A D G T
U G S J H Y Y M U R U N B E
Z E D C D K N Ä B S E A L O
H K N Z Y S V J E S K R O G
S T A K E T C I G A X E M R
T R Ä D G Å R D N R E V M Ä
M E S Ä R G K J A R F I A S
T I I R G J I B L E K N T Y
A T E T B F Z K S T I S F C
F R U K T T R Ä D G Å R D G
```

BÄNK	DAMM
BUSKE	VERANDA
STAKET	RÄFSA
BLOMMA	SKYFFEL
GARAGE	TERRASS
TRÄDGÅRD	TRAMPOLIN
GRÄS	TRÄD
HÄNGMATTA	VIN
SLANG	OGRÄS
FRUKTTRÄDGÅRD	

78 - Diplomacy

```
D H C D A S S A B M A B R G
I U C S F M J J R D M W E E
S M O A B Ö B B W N Z B G M
K A C M A C R A K J Y Z E E
U N E A L J W D S U T C R N
S I R R V S R G R S H S I S
S T A B H D L G D A A G N K
I Ä G E V K I T E G G D G A
O R R T A S I V T T Ä R Ö P
N Y O E N O I T U L O S E R
U C B G U D G N I N S Ö L C
M E D B O R G E R L I G M H
U T E H R E K Ä S G O E P J
F A M K S I T A M O L P I D
```

AMBASSADÖR
MEDBORGARE
MEDBORGERLIG
GEMENSKAP
SAMARBETE
DIPLOMATISK
DISKUSSION
AMBASSAD
ETIK

REGERING
HUMANITÄR
RÄTTVISA
POLITIK
RESOLUTION
SÄKERHET
LÖSNING
FÖRDRAG

79 - Countries #1

```
V I E T N A M B N M P X M R
Z H E D B P G T F B R V B L
D K O D O O O K C O R A M W
N E T P Y G E L E A R S I G
A I B L S D D N E Y B I L I
L B C L E G A D A N A K I L
K R I A G T T A P K N U Y D
S A T G R K T S P A N I E N
Y S A E O A Y L V R D B P A
T I L N N J G R A I U W X L
A L I E S I Z U U N D S Y N
Y I E S A M A N A P D O N I
W E N E I N Ä M U R L N M F
C N V E N E Z U E L A G H L
```

BRASILIEN	MAROCKO
KANADA	NICARAGUA
EGYPTEN	NORGE
FINLAND	PANAMA
TYSKLAND	POLEN
IRAK	RUMÄNIEN
ISRAEL	SENEGAL
ITALIEN	SPANIEN
LETTLAND	VENEZUELA
LIBYEN	VIETNAM

80 - Adjectives #1

```
V A L L V A R L I G G S L N
I U K F V C P M R E A Z O K
K S I T A M O R A S I J Z B
T Ö P R L W S N T S C H Z F
I I Y Y H K Ö U V A G N U T
G T E G I L R Ä N T S N O K
I I X B J Z E Ä Ö T H U Å C
D B O M Y L N R K R O T C L
E M T B O D E L S A J F C F
N A I A R D G I L K C Y L M
T K S I W G E G R T M W P L
I M K J D M D R Y I W Ö Y Y
S G U R R R O Y N V J B R S
K H Y L W A B S O L U T X K
```

ABSOLUT	LYCKLIG
AMBITIÖS	TUNG
AROMATISK	ÄRLIG
KONSTNÄRLIG	IDENTISK
ATTRAKTIV	VIKTIG
SKÖN	MODERN
MÖRK	ALLVARLIG
EXOTISK	LÅNGSAM
GENERÖS	TUNN

81 - Rainforest

```
R  A  L  G  Å  F  K  F  N  D  W  N  M  Ö
E  R  E  T  K  E  S  N  I  J  G  A  O  V
I  A  R  T  A  M  I  L  K  U  E  T  S  E
B  E  V  A  R  A  N  D  E  N  M  U  S  R
I  E  V  L  U  G  A  L  I  G  E  R  A  L
F  I  R  A  J  J  T  A  D  E  N  J  V  E
M  N  Y  L  D  D  O  F  K  L  S  C  H  V
A  H  Y  D  G  Y  B  G  W  J  K  X  I  N
Z  E  P  H  G  W  G  N  A  V  A  F  X  A
U  M  J  Y  Ä  G  R  Å  Y  L  P  J  U  D
M  S  S  V  D  H  X  M  A  I  M  G  Z  T
T  K  Y  L  F  L  L  I  T  R  M  O  L  N
R  E  S  T  A  U  R  E  R  I  N  G  W  H
R  E  S  P  E  K  T  M  D  R  O  W  A  M
```

AMFIBIER	DÄGGDJUR
FÅGLAR	MOSSA
BOTANISK	NATUR
KLIMAT	BEVARANDE
MOLN	TILLFLYKT
GEMENSKAP	RESPEKT
MÅNGFALD	RESTAURERING
INHEMSK	ART
INSEKTER	ÖVERLEVNAD
DJUNGEL	

82 - Landscapes

```
Ö  Y  P  B  Y  M  G  Y  G  Ö  F  R  D  X
K  X  M  G  V  K  S  Ä  R  T  Y  L  O  S
E  K  U  L  L  E  L  N  E  V  X  A  O  Y
N  Z  S  M  R  D  X  I  B  B  D  L  K  D
L  T  T  U  N  D  R  A  P  P  J  L  T  N
H  H  H  C  A  O  Ä  T  J  P  Y  A  M  A
A  Y  T  R  K  O  I  T  X  U  A  F  H  R
L  D  X  C  L  C  C  O  J  E  A  N  N  T
V  A  I  S  U  X  A  R  E  S  J  E  G  S
Ö  L  Y  K  V  J  L  G  W  A  U  T  E  V
J  K  G  U  M  K  G  I  N  O  T  T  I  F
S  I  S  B  E  R  G  H  K  R  U  A  L  L
A  E  B  O  G  N  T  J  A  B  P  V  Y  N
X  B  I  P  T  Y  C  B  R  V  A  V  O  I
```

STRAND	OAS
GROTTA	HALVÖ
KLIPPA	FLOD
ÖKEN	HAV
GEJSER	TRÄSK
GLACIÄR	TUNDRA
KULLE	DAL
ISBERG	VULKAN
SJÖ	VATTENFALL
BERG	

83 - Plants

```
A  S  U  T  K  A  K  B  M  L  U  D  B  M
B  Z  B  R  A  N  I  Ä  U  Ö  X  M  U  O
Y  J  M  Ä  A  Ö  N  R  R  V  K  B  S  S
R  P  A  D  S  B  A  U  G  V  B  J  K  S
V  S  B  G  P  A  T  F  R  E  G  N  E  A
F  Y  C  Å  S  K  O  G  Ö  R  O  Y  P  B
Z  L  N  R  W  J  B  U  N  K  X  E  A  Z
F  E  O  D  I  C  Y  M  A  T  S  D  M  H
H  S  Ä  R  G  I  Z  Z  H  U  M  Y  M  O
L  D  O  D  A  L  B  N  O  R  K  R  O  T
Y  Ö  M  D  T  S  T  D  A  G  M  I  L  P
R  G  F  J  W  R  O  R  D  G  K  I  B  T
Z  Y  J  M  U  N  H  G  Ä  A  S  M  Z  Y
S  L  X  A  F  C  R  E  P  D  V  B  P  E
```

BAMBU	SKOG
BÖNA	TRÄDGÅRD
BÄR	GRÄS
BOTANIK	MURGRÖNA
BUSKE	MOSSA
KAKTUS	KRONBLAD
GÖDSEL	ROT
FLORA	STAM
BLOMMA	TRÄD
LÖVVERK	

84 - Boxing

```
S  T  I  T  O  E  Z  W  M  J  R  V  W  Å
T  W  S  S  U  K  O  F  F  G  P  U  L  T
Y  S  T  K  F  Ä  R  D  I  G  H  E  T  E
R  M  R  A  K  S  D  N  A  H  E  N  J  R
K  W  P  D  G  G  P  O  Ä  N  G  Ä  I  H
A  P  P  O  R  K  N  J  N  O  P  V  K  Ä
K  E  E  R  E  G  Å  B  M  R  A  E  L  M
S  P  A  R  K  A  V  B  T  E  Ö  K  O  T
W  M  E  Y  A  P  E  A  O  P  Y  H  C  N
J  Ä  X  H  A  M  J  N  L  H  P  K  K  I
C  K  X  Y  U  Z  O  S  N  U  A  Y  A  N
M  O  T  S  T  Å  N  D  A  R  E  K  D  G
S  U  T  M  A  T  T  A  D  V  P  J  A  G
F  Z  G  H  N  N  S  O  E  X  D  M  A  T
```

KLOCKA	SKADOR
KROPP	SPARKA
HAKA	MOTSTÅNDARE
HÖRN	POÄNG
ARMBÅGE	SNABB
UTMATTAD	ÅTERHÄMTNING
KÄMPE	DOMARE
NÄVE	REP
FOKUS	FÄRDIGHET
HANDSKAR	STYRKA

85 - Countries #2

```
O K R A M N A D U T W C H C
S K V Y S Y R I E N M E Y K
A O S Z S J A M A I C A H G
N L M M O S C U K R A I N A
R P B A A H L M E X I C O A
R H F A L D N A L K E R G U
C L H S N I V Y N H A I T I
N E P A L I A X A D N A G U
B B M G V N E B D J O I P E
N I G E R I A N U A N R K J
P A K I S T A N S P A E L L
E T I O P I E N Y A B B G O
U E Z M G M K H J N I I X R
U H U F J V B C U I L L W T
```

ALBANIEN	MEXICO
DANMARK	NEPAL
ETIOPIEN	NIGERIA
GREKLAND	PAKISTAN
HAITI	RYSSLAND
JAMAICA	SOMALIA
JAPAN	SUDAN
LAOS	SYRIEN
LIBANON	UGANDA
LIBERIA	UKRAINA

86 - Ecology

```
S  D  W  A  S  I  G  N  M  Z  J  B  N  F
J  A  F  R  Ö  J  L  I  M  S  V  I  L  L
R  K  M  T  T  S  O  M  E  D  E  L  F  O
X  R  K  H  M  D  B  K  L  I  M  A  T  R
F  O  D  L  Ä  I  A  P  O  I  V  S  K  A
A  T  R  A  B  L  L  Å  H  H  R  F  G  G
U  A  L  T  G  I  L  R  U  T  A  N  E  I
N  R  G  P  X  F  R  E  T  X  Ä  V  L  L
A  R  F  Z  K  Z  T  V  N  I  R  A  M  L
F  C  H  Z  I  B  E  R  G  X  R  X  C  I
M  Å  N  G  F  A  L  D  U  N  Ä  E  I  V
N  L  E  Z  T  V  G  G  R  T  K  G  N  I
Ö  V  E  R  L  E  V  N  A  D  A  F  Z  R
V  E  G  E  T  A  T  I  O  N  B  N  Y  F
```

KLIMAT	BERG
SAMHÄLLEN	NATURLIG
MÅNGFALD	NATUR
TORKA	VÄXTER
FAUNA	MEDEL
FLORA	ART
GLOBAL	ÖVERLEVNAD
LIVSMILJÖ	HÅLLBAR
MARIN	VEGETATION
KÄRR	FRIVILLIGA

87 - Adjectives #2

```
L B A E L E G A N T E K O T
U E F Y T F T I K G Z Ä I V
K S I T N E T U A A N N K Y
P K V P S D H V G X K D U H
R R E I Ö E S O I S S E V C
O I F O M R A V L T T L A S
D V K T N F I X R A A A G N
U A D G I R G N U H R E I V
K N S Y G R T S T M K G R P
T D P T R O J Y A A W I A K
I E X H O T X S N C X J V W
V V I L D L F R I S K A S Z
N F A U S V T B R U L C N M
B E G Å V A D M A F C N A E
```

AUTENTISK	NATURLIG
KREATIV	NY
BESKRIVANDE	PRODUKTIV
TORR	STOLT
ELEGANT	ANSVARIG
KÄND	SALT
BEGÅVAD	SÖMNIG
FRISKA	STARK
VARM	VILD
HUNGRIG	

88 - Psychology

```
A  T  K  I  L  F  N  O  K  B  D  B  P  P
H  G  X  D  T  N  I  I  L  E  N  E  E  W
T  A  N  K  A  R  L  I  I  D  O  T  R  U
G  L  B  I  R  R  O  D  N  Ö  T  E  S  M
R  S  C  X  N  K  V  É  I  M  E  E  O  Z
L  N  H  Z  N  T  C  E  S  N  R  N  N  C
E  Ä  J  T  L  O  T  R  K  I  A  D  L  K
G  K  M  O  D  N  R  A  B  N  P  E  I  Ä
O  P  R  O  B  L  E  M  F  G  I  E  G  N
X  D  D  R  Ö  M  M  A  R  P  A  W  H  S
K  O  G  N  I  T  I  O  N  L  P  M  E  L
E  Y  K  G  N  I  N  M  Ä  N  T  U  T  O
U  N  D  E  R  M  E  D  V  E  T  N  A  R
V  E  R  K  L  I  G  H  E  T  O  X  I  J
```

UTNÄMNING	IDÉER
BEDÖMNING	UPPFATTNING
BETEENDE	PERSONLIGHET
BARNDOM	PROBLEM
KLINISK	VERKLIGHET
KOGNITION	KÄNSLA
KONFLIKT	UNDERMEDVETNA
DRÖMMAR	TERAPI
EGO	TANKAR
KÄNSLOR	

89 - Math

```
T  R  I  A  N  G  E  L  P  S  X  D  C  J
N  S  F  B  A  N  S  A  O  Y  J  I  Z  D
Y  L  C  Y  E  O  T  T  L  M  F  V  X  A
V  C  X  W  M  I  E  G  Y  M  S  I  L  R
G  E  O  M  E  T  R  I  G  E  U  S  L  I
F  U  C  F  U  A  K  P  O  T  M  I  L  T
E  R  U  G  J  V  M  M  N  R  M  O  E  M
F  X  A  P  F  K  O  N  T  I  A  N  L  E
S  W  P  K  R  E  K  T  A  N  G  E  L  T
R  G  R  O  T  D  E  C  I  M  A  L  A  I
R  A  L  K  N  I  V  V  O  L  Y  M  R  S
A  L  D  O  Y  E  O  M  G  U  F  U  A  K
E  A  M  I  V  E  N  N  X  Z  P  B  P  J
P  T  V  G  E  R  E  T  E  M  A  I  D  T
```

VINKLAR	TAL
ARITMETISK	PARALLELL
OMKRETS	POLYGON
DECIMAL	RADIE
DIAMETER	REKTANGEL
DIVISION	TORG
EKVATION	SUMMA
EXPONENT	SYMMETRI
FRAKTION	TRIANGEL
GEOMETRI	VOLYM

90 - Water

```
K  B  I  R  J  N  X  C  S  F  Y  S  U  H
A  E  H  F  R  S  S  X  R  R  O  G  Å  V
N  V  R  H  U  I  N  N  A  O  J  F  L  H
A  A  D  D  J  K  Ö  V  P  S  O  I  G  Z
L  T  S  A  H  N  T  O  W  T  U  L  U  B
X  T  S  J  Ö  A  H  I  A  E  J  U  B  C
M  N  I  S  A  K  V  M  G  I  T  K  U  F
F  I  H  G  U  R  E  G  N  H  C  S  U  D
K  N  Y  P  J  O  E  X  Å  J  E  E  A  N
T  G  H  F  L  O  D  S  A  X  B  T  H  B
R  S  M  F  U  K  T  Y  J  T  G  O  B  X
G  N  I  N  M  Ä  V  S  R  E  V  Ö  R  X
M  O  N  S  U  N  J  O  X  O  G  R  V  V
B  T  R  A  V  D  U  N  S  T  N  I  N  G
```

KANAL	SJÖ
FUKTIG	FUKT
AVDUNSTNING	MONSUN
ÖVERSVÄMNING	HAV
FROST	REGN
GEJSER	FLOD
FUKTIGHET	DUSCH
ORKAN	SNÖ
IS	ÅNGA
BEVATTNING	VÅGOR

91 - Activities

```
F O T O G R A F I D A N S T
A I N T R E S S E N Z H P P
A V F Ä R D I G H E T N K L
K Y K R E V T N A H J P O H
T G S O Z R B R E U G U N W
I Z S Ö P S S W H E N P S J
V O S C M P F R I T I D T A
I J R W N N L E P S N G R K
T K D K E T A I K M K C A T
E J Ö N E Z Z D N G C D G M
T C A M P I N G I G I I P D
W H P K E R A M I K T Y N X
L Ä S N I N G I P T S V T O
V A N D R I N G F I S K E W
```

AKTIVITET   INTRESSEN
KONST   STICKNING
CAMPING   FRITID
KERAMIK   MAGI
HANTVERK   FOTOGRAFI
DANS   NÖJE
FISKE   LÄSNING
SPEL   AVKOPPLING
VANDRING   SÖMNAD
JAKT   FÄRDIGHET

92 - Business

```
S K A T T E R K O N T O R B
M F T S M O K N I J L R J U
A N S T Ä L L D P T I G N D
F K A R R I Ä R P E U U J G
A I O A N E F Z T F N B S E
B B I W C A J V H G D G I T
R F Ö R S Ä L J N I N G A Y
I R W E U S J I H P V F F R
K A G E W S V U G F A I Ö V
C B V Z V K O S T A L N R M
H A N A B Y F B E J U A E G
E T C X R Y C S E O T N T O
F T S I M O N O K E A S A F
X O S M V H R I N K V M G D
```

BUDGET
KARRIÄR
FÖRETAG
KOSTA
VALUTA
RABATT
EKONOMI
ANSTÄLLD
FABRIK

FINANS
INKOMST
CHEF
VAROR
PENGAR
KONTOR
FÖRSÄLJNING
BUTIK
SKATTER

93 - The Company

```
K V A L I T E T E P X V V T
M Ö J L I G H E T R A W T P
O L L E N O I S S E F O R P
V O U G N I R E T S E V N I
K R E A T I V F R E R X F N
F Ö R E T A G K O N Ö L R N
I E P R O D U K T T I H A O
T R E N D E R M M A L R M V
S E T B E S L U T T E A S A
M T K S P B T P S I F K T T
O E Y H U N L A B O L G E I
K H R L E D E M Y N E E G V
N N B Z I O N R I S K E R T
I E U O U J O I B X V N L Y
```

FÖRETAG	PROFESSIONELL
KREATIV	FRAMSTEG
BESLUT	KVALITET
GLOBAL	RYKTE
INDUSTRI	MEDEL
INNOVATIVT	INKOMST
INVESTERING	RISKER
MÖJLIGHET	TRENDER
PRESENTATION	ENHETER
PRODUKT	LÖN

94 - Literature

```
B E S K R I V N I N G M W I
O T R A N E K D O T T E B I
P X G O L A I D E C E T M F
B M Z I M R H N O K M A I Ö
N C A W U A P X D S A F Z R
A N A L Y S N O H I D O A F
S L U T S A T S D T K R N A
J Ä M F Ö R E L S E N T A T
T R A G E D I I N O M W L T
Å S I K T Z F T X P G Y O A
R I D R W B J S H R W S G R
X Y Y I I V R B T U M N I E
C G T M B E R Ä T T A R E T
J J J M B I O G R A F I P Y
```

ANALOGI   BERÄTTARE
ANALYS   ROMAN
ANEKDOT   ÅSIKT
FÖRFATTARE   DIKT
BIOGRAFI   POETISK
JÄMFÖRELSE   RIM
SLUTSATS   RYTM
BESKRIVNING   STIL
DIALOG   TEMA
METAFOR   TRAGEDI

95 - Geography

```
J  J  S  V  R  J  N  G  F  T  G  B  H  B
N  O  R  R  Ä  T  C  L  L  E  B  Z  A  E
S  Ö  D  E  R  S  A  A  O  R  X  U  L  R
O  M  R  Å  D  E  T  N  D  R  B  W  V  G
H  F  W  L  A  A  T  D  W  I  R  A  K  D
U  A  Z  U  T  V  U  T  V  T  E  C  L  T
Ö  T  V  P  S  U  H  N  V  O  D  X  O  B
K  A  R  T  A  Y  S  E  V  R  D  A  T  E
M  E  R  I  D  I  A  N  Ä  I  G  U  B  Z
G  T  T  G  J  J  L  I  R  U  R  A  M  Y
A  L  J  S  Ö  Z  T  T  L  M  A  Y  R  F
C  Y  Z  W  H  S  A  N  D  X  D  L  A  M
E  K  V  A  T  O  R  O  U  J  M  J  A  X
I  M  S  G  U  B  O  K  T  I  W  V  K  B
```

HÖJD	BERG
ATLAS	NORR
STAD	OMRÅDE
KONTINENT	FLOD
LAND	HAV
EKVATOR	SÖDER
HALVKLOT	TERRITORIUM
BREDDGRAD	VÄST
KARTA	VÄRLD
MERIDIAN	

96 - Pets

```
G T A S S A R S V B K B P W
Z E V F P M K S V W P L A V
G G T A M U A H U A M Y P H
R A T Y L S Y A H Z N V E Y
S R A V A T T E N L W S G G
W K K I N H P X M B R F O K
K S K Ö L D P A D D A I J H
W A B L B K O P P E L S A U
R Ä N I R E T E V J D K A N
K X Y I C E P Y I H Ö O K D
E A E G N U T T A K O C K L
T I A C L W R G S U A Y W C
M J Z I K B G J T T A X J M
L C Z V Y A H A M S T E R S
```

KATT	ÖDLA
KRAGE	MUS
KO	PAPEGOJA
HUND	TASSAR
FISK	VALP
MAT	KANIN
GET	SVANS
HAMSTER	SKÖLDPADDA
KATTUNGE	VETERINÄR
KOPPEL	VATTEN

97 - Jazz

```
N  G  G  L  F  A  V  O  R  I  T  E  R  T
H  L  E  J  Å  B  U  H  U  O  R  N  S  A
R  Y  N  P  H  T  R  E  S  N  O  K  R  L
K  U  R  T  E  K  N  I  K  O  M  J  Y  A
B  R  E  S  X  E  I  H  W  V  M  N  T  N
J  E  K  O  N  S  T  N  Ä  R  U  K  M  G
T  D  T  U  S  U  V  M  G  E  R  Ä  U  X
K  Å  G  O  Y  T  E  A  A  T  N  B  L
A  L  M  N  N  H  I  O  M  S  O  D  L  M
G  P  F  W  V  I  J  L  M  E  A  Y  A  U
N  P  F  V  M  W  N  L  A  K  S  P  T  S
G  A  W  Z  E  M  S  G  L  R  M  K  I  I
S  O  K  S  R  Ö  T  I  S  O  P  M  O  K
I  M  P  R  O  V  I  S  A  T  I  O  N  D
```

ALBUM	IMPROVISATION
APPLÅDER	MUSIK
KONSTNÄR	NY
KOMPOSITÖR	GAMMAL
KONSERT	ORKESTER
TRUMMOR	RYTM
BETONING	LÅT
KÄND	STIL
FAVORITER	TALANG
GENRE	TEKNIK

98 - Nature

```
L A V G Ö R A N D E F F V S
O Ö J P K W I E L P N L O M
O L V K J H D K I J H O X A
W G R V F N J Ö V G D D M R
Y T G R E G L A C I Ä R D K
D G L J E R N O K L P U I T
A W Z T N A K L E D X J M I
T D Y N A M I S K E S D M S
S R V I A G J B I R H K A K
I B O B I S V A E F A V O X
R R O P P I L K L U G N B G
F X N A I E R O S I O N P H
T O B I X S S K Ö N H E T A
P T S J H L K I X L L O C I
```

DJUR
ARKTISK
SKÖNHET
BIN
KLIPPOR
MOLN
ÖKEN
DYNAMISK
EROSION
DIMMA

LÖVVERK
SKOG
GLACIÄR
FREDLIG
FLOD
FRISTAD
LUGN
TROPISK
AVGÖRANDE
VILD

99 - Vacation #2

```
W  D  N  G  J  F  Y  M  O  G  S  H  S  M
D  E  X  Z  X  L  V  P  R  N  T  U  O  Z
L  S  N  O  U  Y  T  A  X  I  R  T  X  E
L  T  S  C  H  G  A  T  H  N  A  L  U  T
L  I  E  A  J  P  M  R  X  N  N  Ä  V  R
T  N  M  M  O  L  A  A  H  Ä  D  N  X  A
O  A  E  P  T  A  P  K  E  L  N  D  H  N
T  T  S  I  T  T  Ö  R  F  T  Y  S  O  S
Å  I  T  N  R  S  D  T  R  U  C  K  T  P
G  O  E  G  X  W  E  S  I  T  S  I  E  O
R  N  R  D  E  T  P  G  T  R  Ä  C  L  R
E  Z  U  X  A  B  A  B  I  X  E  L  L  T
B  T  M  W  Y  V  S  D  D  A  D  S  T  R
J  O  J  K  M  U  S  I  V  R  B  G  A  X
```

FLYGPLATS	KARTA
STRAND	BERG
CAMPING	PASS
DESTINATION	HAV
UTLÄNDSK	TAXI
UTLÄNNING	TÄLT
SEMESTER	TÅG
HOTELL	TRANSPORT
RESA	VISUM
FRITID	

100 - Electricity

```
E B H C K P V D O O G N M R
L I A G E N E R A T O R A B
E M P T N Ä T V E R K P G Y
K A M A T C D T H S U O N I
T P A T K E J B O H T S E K
R M L G N I R G A L R I T V
I A F A T U X I J N U T K A
K L Y T U R R O N E S I A N
E D N T J T Å J B G T V B T
R Ö F U C O U D V A N L E I
E L E K T R I S K T I A L T
H G U K V P F A Z I N S Z E
M E I K F W L C R V G E G T
T E L E F O N L W M F R A K
```

BATTERI	NEGATIV
GLÖDLAMPA	NÄTVERK
KABEL	OBJEKT
ELEKTRISK	POSITIV
ELEKTRIKER	KVANTITET
UTRUSTNING	UTTAG
GENERATOR	LAGRING
LAMPA	TELEFON
LASER	TV
MAGNET	TRÅD

1 - Antiques

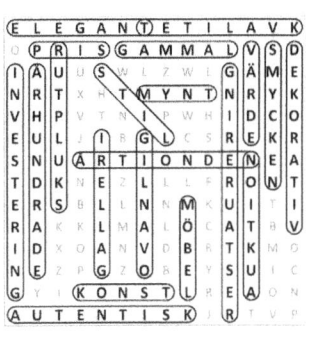

2 - Food #1

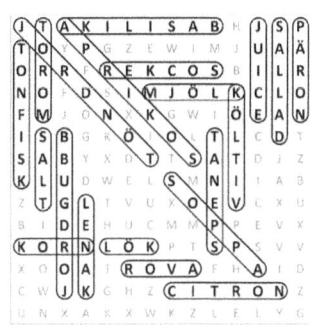

3 - Measurements

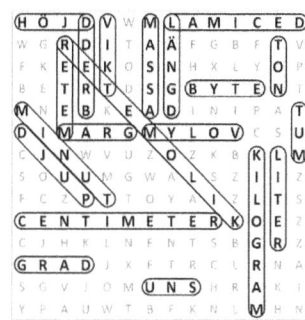

4 - Farm #2

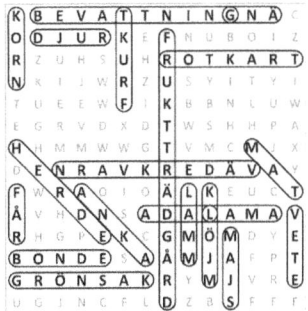

5 - Books

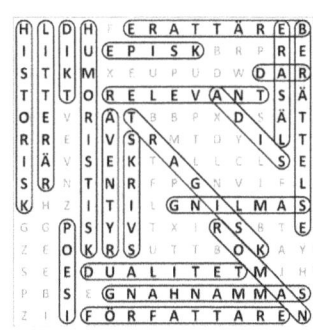

6 - Meditation

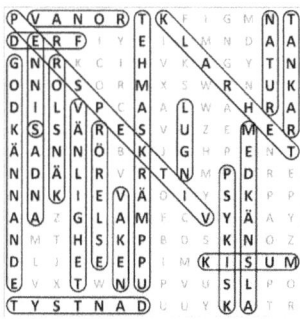

7 - Days and Months

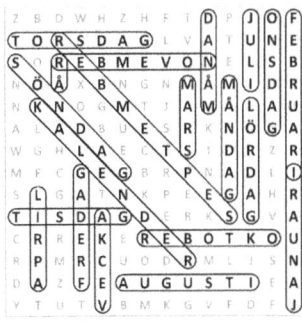

8 - Energy

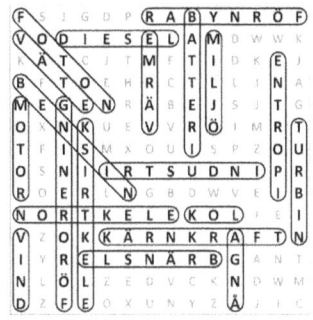

9 - Archeology

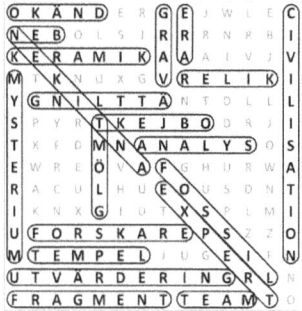

10 - Food #2

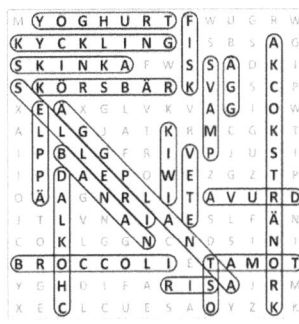

11 - Chemistry

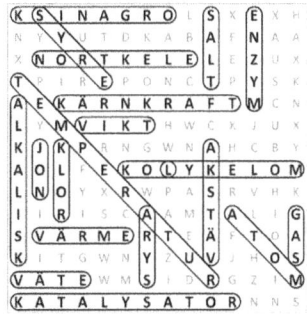

12 - Music

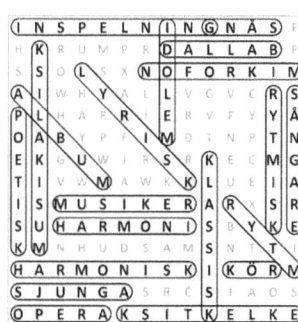

13 - Family

14 - Farm #1

15 - Camping

16 - Algebra

17 - Numbers

18 - Spices

19 - Universe

20 - Mammals

21 - Bees

22 - Weather

23 - Adventure

24 - Circus

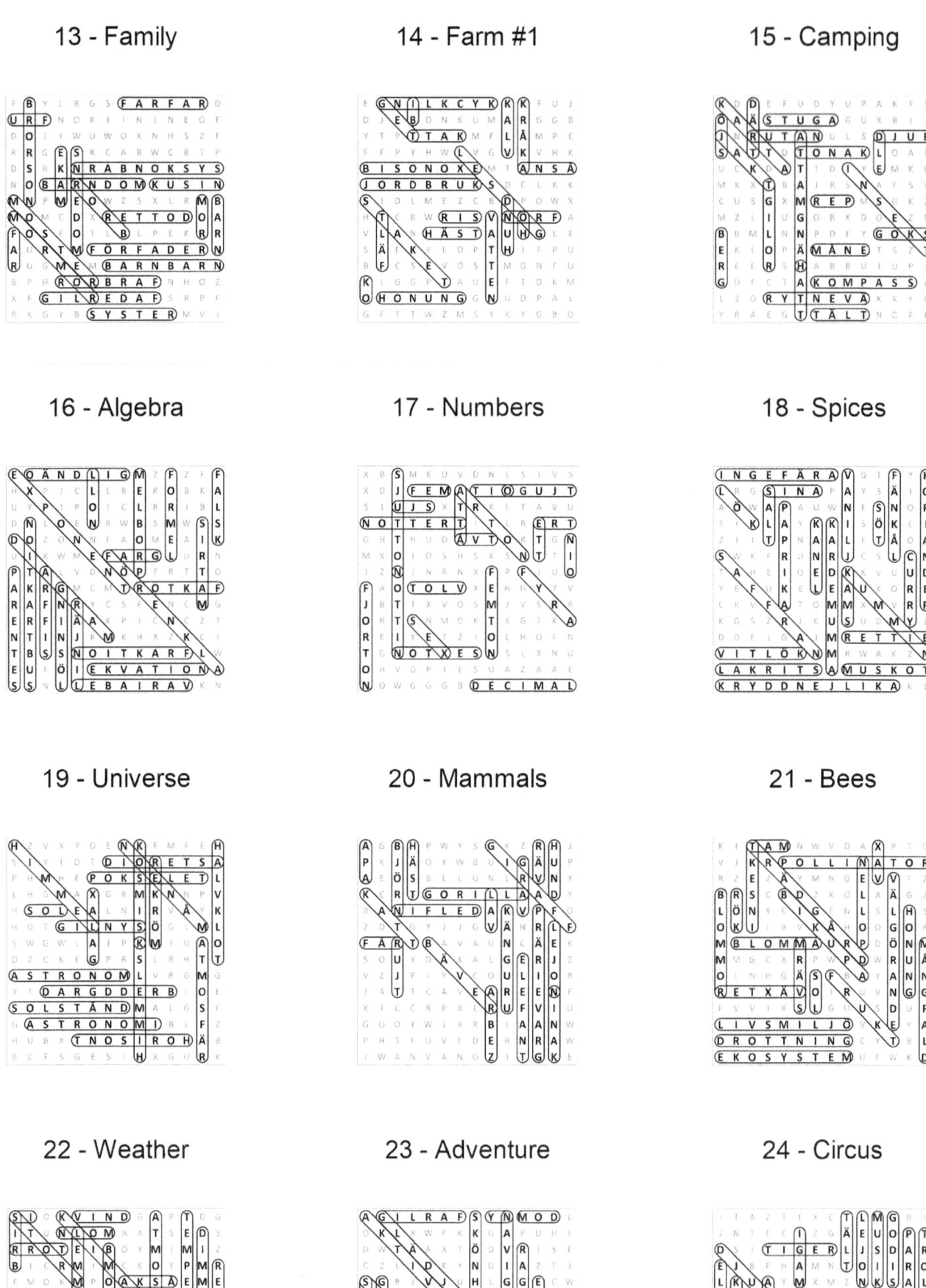

25 - Restaurant #2

26 - Geology

27 - House

28 - Physics

29 - Dance

30 - Coffee

31 - Shapes

32 - Scientific Disciplines

33 - Science

34 - Beauty

35 - Clothes

36 - Ethics

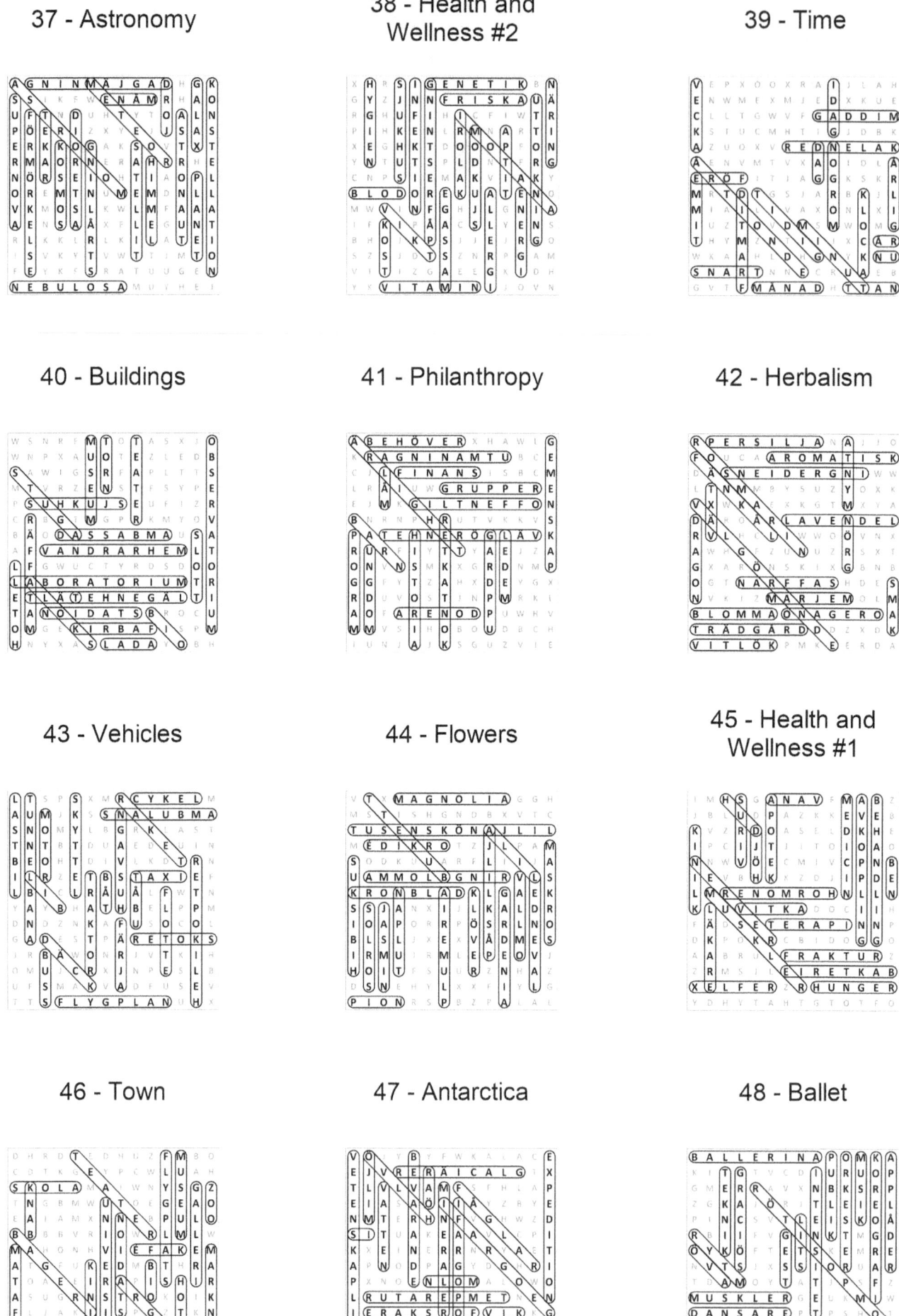

37 - Astronomy

38 - Health and Wellness #2

39 - Time

40 - Buildings

41 - Philanthropy

42 - Herbalism

43 - Vehicles

44 - Flowers

45 - Health and Wellness #1

46 - Town

47 - Antarctica

48 - Ballet

49 - Fashion

50 - Human Body

51 - Musical Instruments

52 - Fruit

53 - Virtues #1

54 - Engineering

55 - Kitchen

56 - Government

57 - Art Supplies

58 - Science Fiction

59 - Geometry

60 - Airplanes

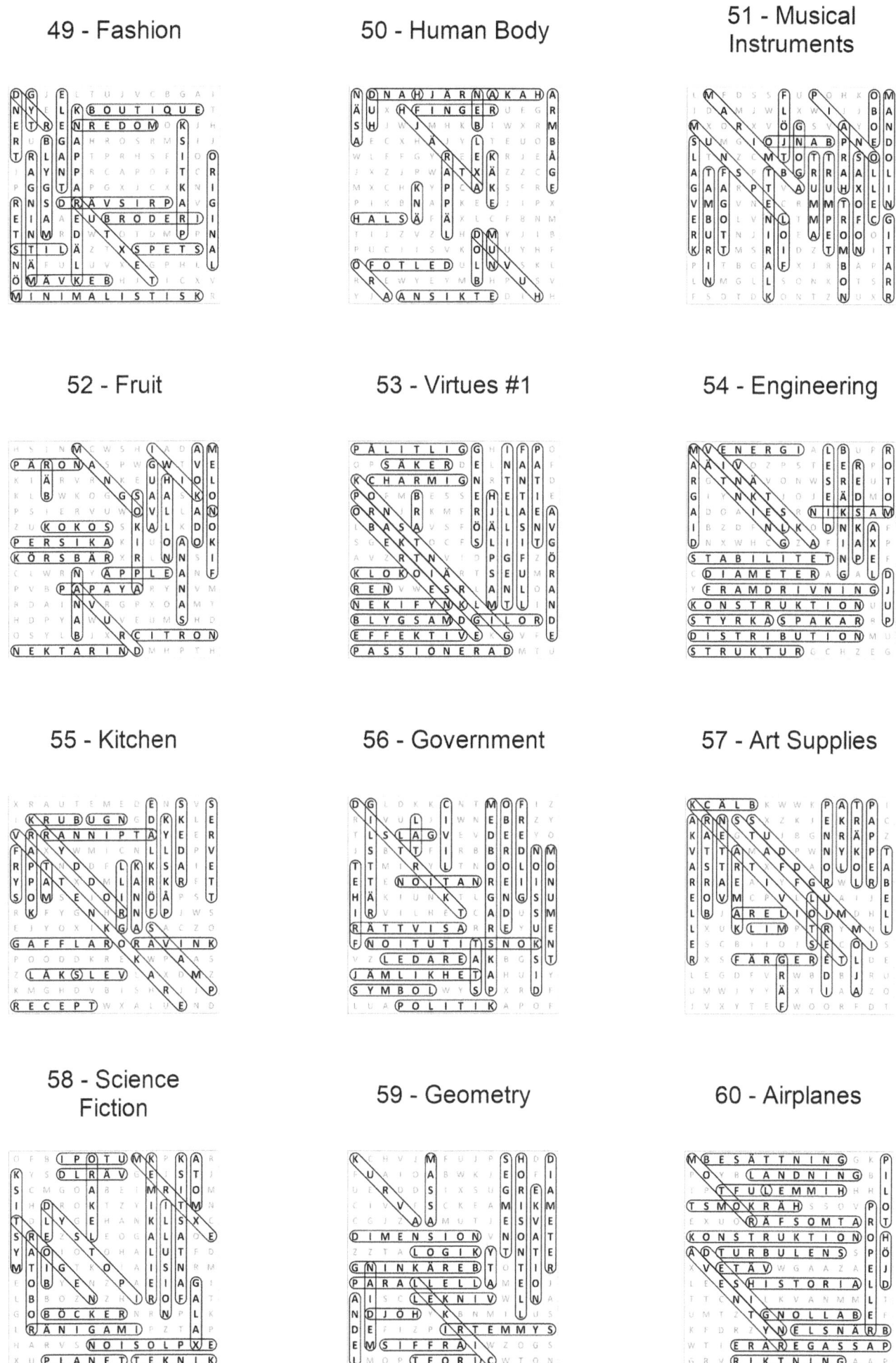

61 - Ocean

62 - Force and Gravity

63 - Birds

64 - Nutrition

65 - Hiking

66 - Professions #1

67 - Barbecues

68 - Vegetables

69 - The Media

70 - Boats

71 - Activities and Leisure

72 - Driving

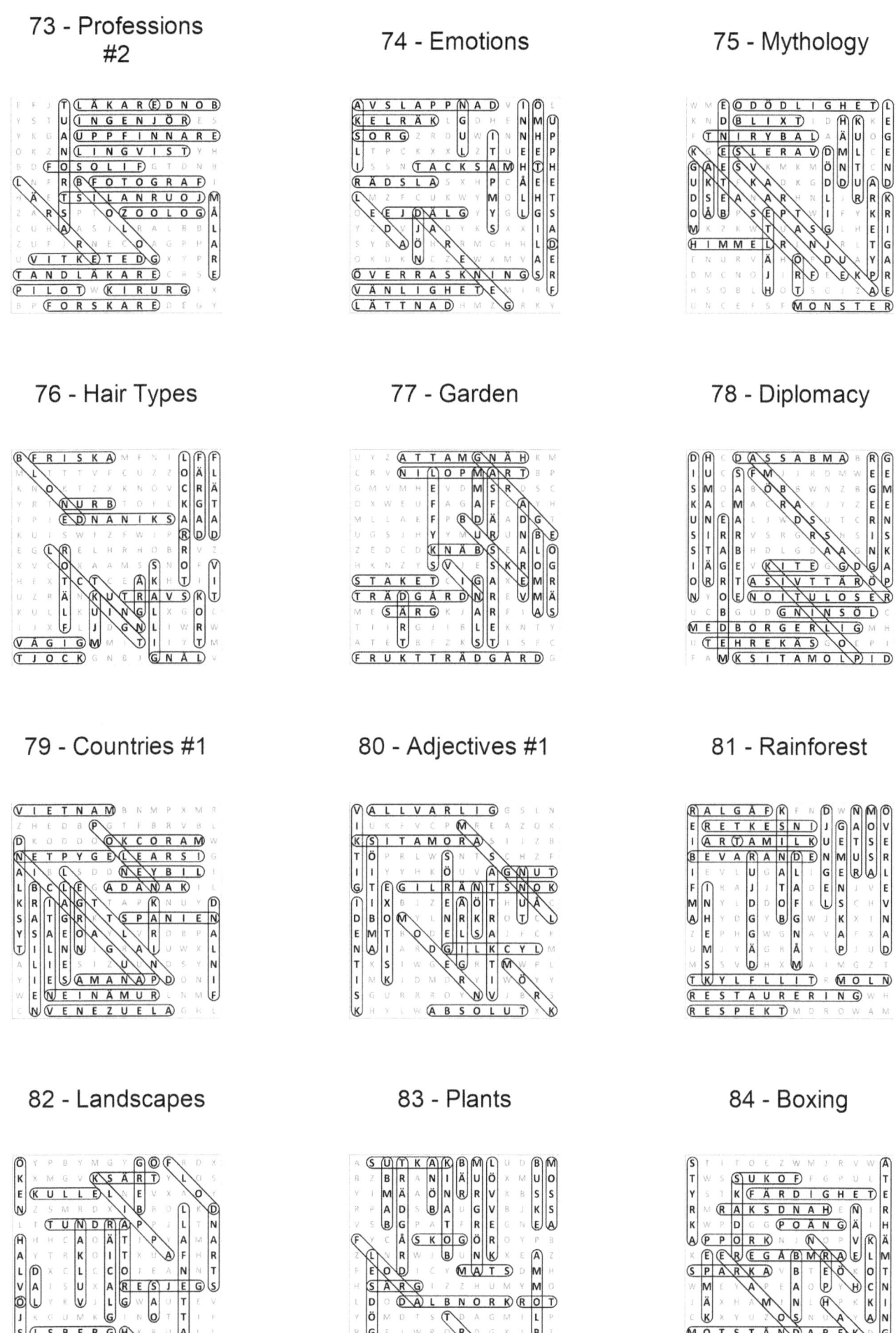

73 - Professions #2

74 - Emotions

75 - Mythology

76 - Hair Types

77 - Garden

78 - Diplomacy

79 - Countries #1

80 - Adjectives #1

81 - Rainforest

82 - Landscapes

83 - Plants

84 - Boxing

85 - Countries #2

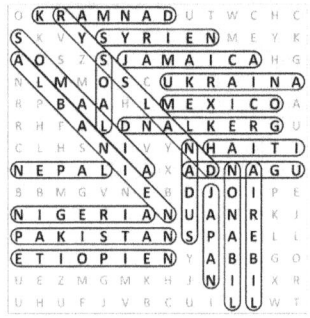

86 - Ecology

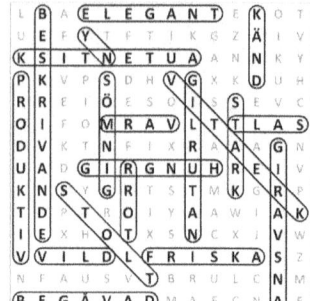

87 - Adjectives #2

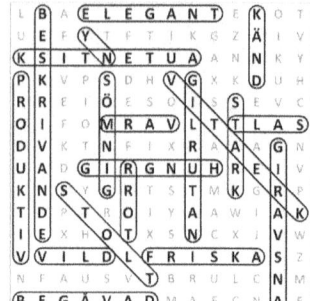

88 - Psychology

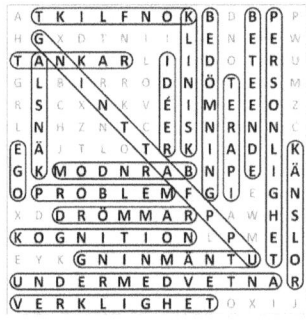

89 - Math

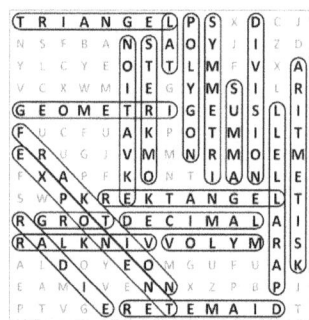

90 - Water

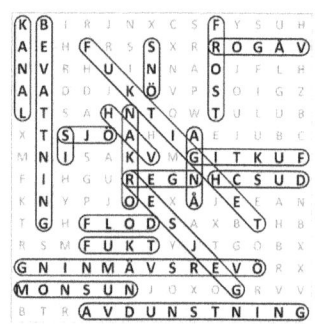

91 - Activities

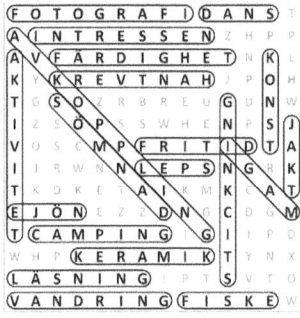

92 - Business

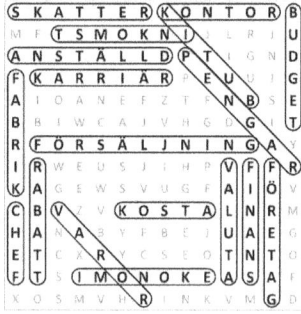

93 - The Company

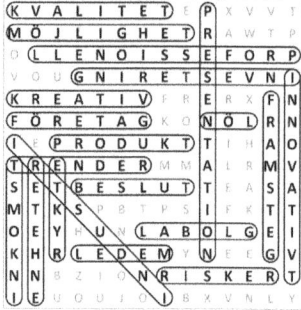

94 - Literature

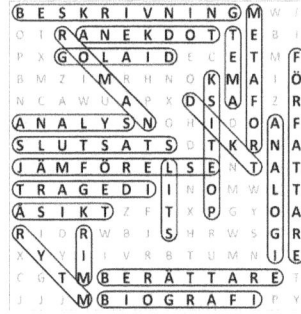

95 - Geography

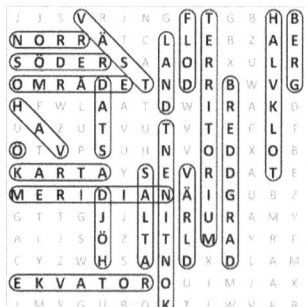

96 - Pets

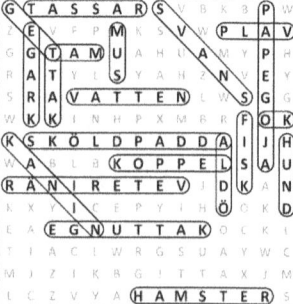

97 - Jazz

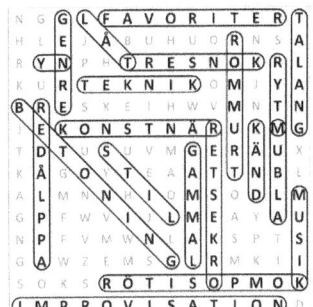

98 - Nature

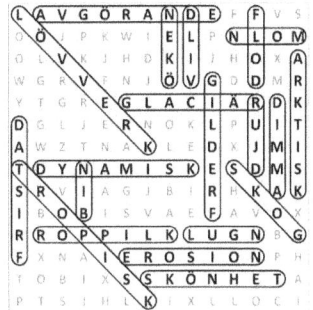

99 - Vacation #2

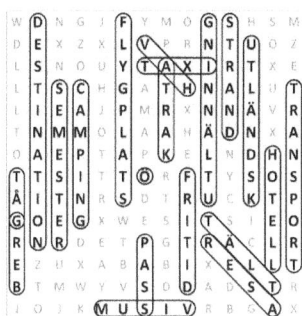

100 - Electricity

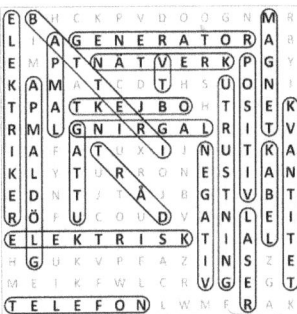

Dictionary

Activities
Aktiviteter

Activity	Aktivitet
Art	Konst
Camping	Camping
Ceramics	Keramik
Crafts	Hantverk
Dancing	Dans
Fishing	Fiske
Games	Spel
Hiking	Vandring
Hunting	Jakt
Interests	Intressen
Knitting	Stickning
Leisure	Fritid
Magic	Magi
Photography	Fotografi
Pleasure	Nöje
Reading	Läsning
Relaxation	Avkoppling
Sewing	Sömnad
Skill	Färdighet

Activities and Leisure
Aktiviteter och Fritid

Art	Konst
Baseball	Baseboll
Basketball	Basket
Boxing	Boxning
Camping	Camping
Diving	Dykning
Fishing	Fiske
Golf	Golf
Hiking	Vandring
Painting	Målning
Racing	Tävlings
Relaxing	Avkopplande
Shopping	Handla
Soccer	Fotboll
Surfing	Surfing
Swimming	Simning
Tennis	Tennis
Travel	Resa
Volleyball	Volleyboll

Adjectives #1
Adjektiv #1

Absolute	Absolut
Ambitious	Ambitiös
Aromatic	Aromatisk
Artistic	Konstnärlig
Attractive	Attraktiv
Beautiful	Skön
Dark	Mörk
Exotic	Exotisk
Generous	Generös
Happy	Lycklig
Heavy	Tung
Helpful	Hjälpsam
Honest	Ärlig
Identical	Identisk
Important	Viktig
Modern	Modern
Serious	Allvarlig
Slow	Långsam
Thin	Tunn
Valuable	Värdefull

Adjectives #2
Adjektiv #2

Authentic	Autentisk
Creative	Kreativ
Descriptive	Beskrivande
Dry	Torr
Elegant	Elegant
Famous	Känd
Gifted	Begåvad
Healthy	Friska
Hot	Varm
Hungry	Hungrig
Interesting	Intressant
Natural	Naturlig
New	Ny
Productive	Produktiv
Proud	Stolt
Responsible	Ansvarig
Salty	Salt
Sleepy	Sömnig
Strong	Stark
Wild	Vild

Adventure
Äventyr

Activity	Aktivitet
Beauty	Skönhet
Bravery	Mod
Challenges	Utmaningar
Chance	Chans
Dangerous	Farlig
Destination	Destination
Difficulty	Svårighet
Enthusiasm	Entusiasm
Excursion	Utflykt
Friends	Vänner
Itinerary	Resväg
Joy	Glädje
Nature	Natur
Navigation	Navigering
New	Ny
Opportunity	Möjlighet
Preparation	Förberedelse
Safety	Säkerhet
Unusual	Ovanlig

Airplanes
Flygplan

Adventure	Äventyr
Air	Luft
Atmosphere	Atmosfär
Balloon	Ballong
Construction	Konstruktion
Crew	Besättning
Descent	Härkomst
Design	Design
Direction	Riktning
Engine	Motor
Fuel	Bränsle
Height	Höjd
History	Historia
Hydrogen	Väte
Landing	Landning
Passenger	Passagerare
Pilot	Pilot
Propellers	Propeller
Sky	Himmel
Turbulence	Turbulens

Algebra
Algebra

Diagram	Diagram
Division	Division
Equation	Ekvation
Exponent	Exponent
Factor	Faktor
False	Falsk
Formula	Formel
Fraction	Fraktion
Graph	Graf
Infinite	Oändlig
Linear	Linjär
Matrix	Matris
Number	Siffra
Parenthesis	Parentes
Problem	Problem
Simplify	Förenkla
Solution	Lösning
Subtraction	Subtraktion
Variable	Variabel
Zero	Noll

Antarctica
Antarktis

Bay	Vik
Birds	Fåglar
Clouds	Moln
Conservation	Bevarande
Continent	Kontinent
Environment	Miljö
Expedition	Expedition
Geography	Geografi
Glaciers	Glaciärer
Ice	Is
Islands	Öar
Migration	Migration
Minerals	Mineraler
Peninsula	Halvö
Researcher	Forskare
Rocky	Stenig
Scientific	Vetenskaplig
Temperature	Temperatur
Topography	Topografi
Water	Vatten

Antiques
Antikviteter

Art	Konst
Auction	Auktion
Authentic	Autentisk
Century	Århundrade
Coins	Mynt
Decades	Årtionden
Decorative	Dekorativ
Elegant	Elegant
Furniture	Möbel
Gallery	Galleri
Investment	Investering
Jewelry	Smycken
Old	Gammal
Price	Pris
Quality	Kvalitet
Restoration	Restaurering
Sculpture	Skulptur
Style	Stil
Unusual	Ovanlig
Value	Värde

Archeology
Arkeologi

Analysis	Analys
Antiquity	Antiken
Bones	Ben
Civilization	Civilisation
Descendant	Ättling
Era	Era
Evaluation	Utvärdering
Expert	Expert
Forgotten	Glömt
Fossil	Fossil
Fragments	Fragment
Mystery	Mysterium
Objects	Objekt
Pottery	Keramik
Relic	Relik
Researcher	Forskare
Team	Team
Temple	Tempel
Tomb	Grav
Unknown	Okänd

Art Supplies
Konstmaterial

Acrylic	Akryl
Brushes	Borstar
Camera	Kamera
Chair	Stol
Charcoal	Träkol
Clay	Lera
Colors	Färger
Creativity	Kreativitet
Easel	Staffli
Eraser	Suddgummi
Glue	Lim
Ideas	Idéer
Ink	Bläck
Oil	Olja
Paints	Färg
Paper	Papper
Pencils	Pennor
Table	Tabell
Water	Vatten
Watercolors	Akvareller

Astronomy
Astronomi

Asteroid	Asteroid
Astronaut	Astronaut
Astronomer	Astronom
Constellation	Konstellation
Cosmos	Kosmos
Earth	Jord
Eclipse	Förmörkelse
Equinox	Dagjämning
Galaxy	Galax
Meteor	Meteor
Moon	Måne
Nebula	Nebulosa
Observatory	Observatorium
Planet	Planet
Radiation	Strålning
Rocket	Raket
Satellite	Satellit
Sky	Himmel
Supernova	Supernova
Zodiac	Djurkretsen

Ballet
Balett

Applause	Applåder
Artistic	Konstnärlig
Audience	Publik
Ballerina	Ballerina
Choreography	Koreografi
Composer	Kompositör
Dancers	Dansare
Expressive	Uttrycksfull
Gesture	Gest
Graceful	Graciös
Intensity	Intensitet
Lessons	Lektioner
Muscles	Muskler
Music	Musik
Orchestra	Orkester
Practice	Öva
Rhythm	Rytm
Skill	Färdighet
Style	Stil
Technique	Teknik

Barbecues
Grillar

Chicken	Kyckling
Children	Barn
Dinner	Middag
Family	Familj
Food	Mat
Forks	Gafflar
Friends	Vänner
Fruit	Frukt
Games	Spel
Grill	Grill
Hot	Varm
Hunger	Hunger
Knives	Knivar
Music	Musik
Salads	Sallader
Salt	Salt
Sauce	Sås
Summer	Sommar
Tomatoes	Tomater
Vegetables	Grönsaker

Beauty
Skönhet

Charm	Charm
Color	Färg
Cosmetics	Kosmetika
Curls	Lockar
Elegance	Elegans
Elegant	Elegant
Fragrance	Doft
Grace	Nåd
Lipstick	Läppstift
Makeup	Smink
Mascara	Mascara
Mirror	Spegel
Oils	Oljor
Photogenic	Fotogenisk
Products	Produkter
Scissors	Sax
Services	Tjänster
Shampoo	Schampo
Skin	Hud
Stylist	Stylist

Bees
Bin

Beneficial	Välgörande
Blossom	Blomma
Diversity	Mångfald
Ecosystem	Ekosystem
Flowers	Blommor
Food	Mat
Fruit	Frukt
Garden	Trädgård
Habitat	Livsmiljö
Hive	Bikupa
Honey	Honung
Insect	Insekt
Plants	Växter
Pollen	Pollen
Pollinator	Pollinator
Queen	Drottning
Smoke	Rök
Sun	Sol
Swarm	Svärm
Wax	Vax

Birds
Fåglar

Canary	Kanariefågel
Chicken	Kyckling
Crow	Kråka
Cuckoo	Gök
Duck	Anka
Eagle	Örn
Egg	Ägg
Flamingo	Flamingo
Goose	Gås
Gull	Mås
Heron	Häger
Ostrich	Struts
Parrot	Papegoja
Peacock	Påfågel
Pelican	Pelikan
Penguin	Pingvin
Sparrow	Sparv
Stork	Stork
Swan	Svan
Toucan	Toucan

Boats
Båtar

Anchor	Ankare
Buoy	Boj
Canoe	Kanot
Crew	Besättning
Dock	Docka
Engine	Motor
Ferry	Färja
Kayak	Kajak
Lake	Sjö
Lifeboat	Livbåt
Mast	Mast
Nautical	Nautisk
Raft	Flotte
River	Flod
Rope	Rep
Sailboat	Segelbåt
Sailor	Sjöman
Sea	Hav
Tide	Tidvatten
Yacht	Yacht

Books
Böcker

Adventure	Äventyr
Author	Författare
Collection	Samling
Context	Sammanhang
Duality	Dualitet
Epic	Episk
Historical	Historisk
Humorous	Humoristisk
Literary	Litterär
Narrator	Berättare
Novel	Roman
Page	Sida
Poem	Dikt
Poetry	Poesi
Reader	Läsare
Relevant	Relevant
Series	Rad
Story	Berättelse
Tragic	Tragisk
Written	Skrivs

Boxing
Boxning

Bell	Klocka
Body	Kropp
Chin	Haka
Corner	Hörn
Elbow	Armbåge
Exhausted	Utmattad
Fighter	Kämpe
Fist	Näve
Focus	Fokus
Gloves	Handskar
Injuries	Skador
Kick	Sparka
Opponent	Motståndare
Points	Poäng
Quick	Snabb
Recovery	Återhämtning
Referee	Domare
Ropes	Rep
Skill	Färdighet
Strength	Styrka

Buildings
Byggnader

Apartment	Lägenhet
Barn	Lada
Cabin	Stuga
Castle	Slott
Cinema	Bio
Embassy	Ambassad
Factory	Fabrik
Hospital	Sjukhus
Hostel	Vandrarhem
Hotel	Hotell
Laboratory	Laboratorium
Museum	Museum
Observatory	Observatorium
School	Skola
Stadium	Stadion
Supermarket	Mataffär
Tent	Tält
Theater	Teater
Tower	Torn
University	Universitet

Business
Företag

Budget	Budget
Career	Karriär
Company	Företag
Cost	Kosta
Currency	Valuta
Discount	Rabatt
Economics	Ekonomi
Employee	Anställd
Employer	Arbetsgivare
Factory	Fabrik
Finance	Finans
Income	Inkomst
Investment	Investering
Manager	Chef
Merchandise	Varor
Money	Pengar
Office	Kontor
Sale	Försäljning
Shop	Butik
Taxes	Skatter

Camping
Camping

Adventure	Äventyr
Animals	Djur
Cabin	Stuga
Canoe	Kanot
Compass	Kompass
Fire	Eld
Forest	Skog
Fun	Roligt
Hammock	Hängmatta
Hat	Hatt
Hunting	Jakt
Insect	Insekt
Lake	Sjö
Map	Karta
Moon	Måne
Mountain	Berg
Nature	Natur
Rope	Rep
Tent	Tält
Trees	Träd

Chemistry
Kemi

Acid	Syra
Alkaline	Alkalisk
Atomic	Atom
Carbon	Kol
Catalyst	Katalysator
Chlorine	Klor
Electron	Elektron
Enzyme	Enzym
Gas	Gas
Heat	Värme
Hydrogen	Väte
Ion	Jon
Liquid	Vätska
Molecule	Molekyl
Nuclear	Kärnkraft
Organic	Organisk
Oxygen	Syre
Salt	Salt
Temperature	Temperatur
Weight	Vikt

Circus
Cirkus

Acrobat	Akrobat
Animals	Djur
Balloons	Ballonger
Candy	Godis
Clown	Clown
Costume	Kostym
Elephant	Elefant
Entertain	Underhålla
Juggler	Jonglör
Lion	Lejon
Magic	Magi
Magician	Trollkarl
Monkey	Apa
Music	Musik
Parade	Parad
Show	Visa
Spectator	Åskådare
Tent	Tält
Tiger	Tiger
Trick	Lura

Clothes
Kläder

Apron	Förkläde
Belt	Bälte
Blouse	Blus
Bracelet	Armband
Coat	Päls
Dress	Klänning
Fashion	Mode
Gloves	Handskar
Hat	Hatt
Jacket	Jacka
Jeans	Jeans
Jewelry	Smycken
Pajamas	Pyjamas
Pants	Byxor
Sandals	Sandaler
Scarf	Halsduk
Shirt	Skjorta
Shoe	Sko
Skirt	Kjol
Sweater	Tröja

Coffee
Kaffe

Acidic	Sur
Aroma	Arom
Beverage	Dryck
Bitter	Bitter
Black	Svart
Caffeine	Koffein
Cream	Grädde
Cup	Kopp
Filter	Filter
Flavor	Smak
Grind	Slipa
Liquid	Vätska
Milk	Mjölk
Morning	Morgon
Origin	Ursprung
Price	Pris
Roasted	Rostad
Sugar	Socker
Variety	Mängd
Water	Vatten

Countries #1
Länder #1

Brazil	Brasilien
Canada	Kanada
Egypt	Egypten
Finland	Finland
Germany	Tyskland
Iraq	Irak
Israel	Israel
Italy	Italien
Latvia	Lettland
Libya	Libyen
Morocco	Marocko
Nicaragua	Nicaragua
Norway	Norge
Panama	Panama
Poland	Polen
Romania	Rumänien
Senegal	Senegal
Spain	Spanien
Venezuela	Venezuela
Vietnam	Vietnam

Countries #2
Länder #2

Albania	Albanien
Denmark	Danmark
Ethiopia	Etiopien
Greece	Grekland
Haiti	Haiti
Jamaica	Jamaica
Japan	Japan
Laos	Laos
Lebanon	Libanon
Liberia	Liberia
Mexico	Mexico
Nepal	Nepal
Nigeria	Nigeria
Pakistan	Pakistan
Russia	Ryssland
Somalia	Somalia
Sudan	Sudan
Syria	Syrien
Uganda	Uganda
Ukraine	Ukraina

Dance
Dansa

Academy	Akademi
Art	Konst
Body	Kropp
Choreography	Koreografi
Classical	Klassisk
Cultural	Kulturell
Culture	Kultur
Emotion	Känsla
Expressive	Uttrycksfull
Grace	Nåd
Joyful	Glad
Jump	Hoppa
Movement	Rörelse
Music	Musik
Partner	Partner
Posture	Hållning
Rehearsal	Repetition
Rhythm	Rytm
Traditional	Traditionell
Visual	Visuell

Days and Months
Dagar och Månader

April	April
August	Augusti
Calendar	Kalender
February	Februari
Friday	Fredag
January	Januari
July	Juli
March	Mars
Monday	Måndag
Month	Månad
November	November
October	Oktober
Saturday	Lördag
September	September
Sunday	Söndag
Thursday	Torsdag
Tuesday	Tisdag
Wednesday	Onsdag
Week	Vecka
Year	År

Diplomacy
Diplomati

Adviser	Rådgivare
Ambassador	Ambassadör
Citizens	Medborgare
Civic	Medborgerlig
Community	Gemenskap
Conflict	Konflikt
Cooperation	Samarbete
Diplomatic	Diplomatisk
Discussion	Diskussion
Embassy	Ambassad
Ethics	Etik
Government	Regering
Humanitarian	Humanitär
Integrity	Integritet
Justice	Rättvisa
Politics	Politik
Resolution	Resolution
Security	Säkerhet
Solution	Lösning
Treaty	Fördrag

Driving
Körning

Accident	Olycka
Brakes	Bromsar
Car	Bil
Danger	Fara
Driver	Förare
Fuel	Bränsle
Garage	Garage
Gas	Gas
License	Licens
Map	Karta
Motor	Motor
Motorcycle	Motorcykel
Pedestrian	Fotgängare
Police	Polis
Road	Väg
Safety	Säkerhet
Speed	Hastighet
Traffic	Trafik
Truck	Lastbil
Tunnel	Tunnel

Ecology
Ekologi

Climate	Klimat
Communities	Samhällen
Diversity	Mångfald
Drought	Torka
Fauna	Fauna
Flora	Flora
Global	Global
Habitat	Livsmiljö
Marine	Marin
Marsh	Kärr
Mountains	Berg
Natural	Naturlig
Nature	Natur
Plants	Växter
Resources	Medel
Species	Art
Survival	Överlevnad
Sustainable	Hållbar
Vegetation	Vegetation
Volunteers	Frivilliga

Electricity
El

Battery	Batteri
Bulb	Glödlampa
Cable	Kabel
Electric	Elektrisk
Electrician	Elektriker
Equipment	Utrustning
Generator	Generator
Lamp	Lampa
Laser	Laser
Magnet	Magnet
Negative	Negativ
Network	Nätverk
Objects	Objekt
Positive	Positiv
Quantity	Kvantitet
Socket	Uttag
Storage	Lagring
Telephone	Telefon
Television	Tv
Wires	Tråd

Emotions
Känslor

Anger	Ilska
Bliss	Salighet
Boredom	Leda
Content	Innehåll
Embarrassed	Generad
Excited	Upphetsad
Fear	Rädsla
Grateful	Tacksam
Joy	Glädje
Kindness	Vänlighet
Love	Kärlek
Peace	Fred
Relaxed	Avslappnad
Relief	Lättnad
Sadness	Sorg
Satisfied	Nöjd
Surprise	Överraskning
Sympathy	Sympati
Tenderness	Ömhet
Tranquility	Lugn

Energy
Energi

Battery	Batteri
Carbon	Kol
Diesel	Diesel
Electric	Elektrisk
Electron	Elektron
Entropy	Entropi
Environment	Miljö
Fuel	Bränsle
Gasoline	Bensin
Heat	Värme
Hydrogen	Väte
Industry	Industri
Motor	Motor
Nuclear	Kärnkraft
Photon	Foton
Pollution	Förorening
Renewable	Förnybar
Steam	Ånga
Turbine	Turbin
Wind	Vind

Engineering
Teknik

Angle	Vinkel
Axis	Axel
Calculation	Beräkning
Construction	Konstruktion
Depth	Djup
Diagram	Diagram
Diameter	Diameter
Diesel	Diesel
Distribution	Distribution
Energy	Energi
Gears	Redskap
Levers	Spakar
Liquid	Vätska
Machine	Maskin
Measurement	Mätning
Motor	Motor
Propulsion	Framdrivning
Stability	Stabilitet
Strength	Styrka
Structure	Struktur

Ethics
Etik

Altruism	Altruism
Benevolent	Välvillig
Compassion	Medkänsla
Cooperation	Samarbete
Dignity	Värdighet
Diplomatic	Diplomatisk
Honesty	Ärlighet
Humanity	Mänskligheten
Individualism	Individualism
Integrity	Integritet
Kindness	Vänlighet
Optimism	Optimism
Patience	Tålamod
Philosophy	Filosofi
Rationality	Rationalitet
Realism	Realism
Reasonable	Rimlig
Respectful	Respektfull
Tolerance	Tolerans
Wisdom	Visdom

Family
Familj

Ancestor	Förfader
Aunt	Moster
Brother	Bror
Child	Barn
Childhood	Barndom
Cousin	Kusin
Daughter	Dotter
Father	Far
Grandchild	Barnbarn
Grandfather	Farfar
Grandmother	Mormor
Husband	Make
Maternal	Moderns
Mother	Mor
Nephew	Brorson
Niece	Syskonbarn
Paternal	Faderlig
Sister	Syster
Uncle	Farbror
Wife	Fru

Farm #1
Gård #1

Agriculture	Jordbruk
Bee	Bi
Bison	Bisonoxe
Calf	Kalv
Cat	Katt
Chicken	Kyckling
Cow	Ko
Crow	Kråka
Dog	Hund
Donkey	Åsna
Fence	Staket
Fertilizer	Gödsel
Field	Fält
Goat	Get
Hay	Hö
Honey	Honung
Horse	Häst
Rice	Ris
Seeds	Frön
Water	Vatten

Farm #2
Gård #2

Animals	Djur
Barley	Korn
Barn	Lada
Corn	Majs
Duck	Anka
Farmer	Bonde
Food	Mat
Fruit	Frukt
Irrigation	Bevattning
Lamb	Lamm
Llama	Lama
Meadow	Äng
Milk	Mjölk
Orchard	Fruktträdgård
Sheep	Får
Shepherd	Herde
Tractor	Traktor
Vegetable	Grönsak
Wheat	Vete
Windmill	Väderkvarn

Fashion
Mode

Affordable	Prisvärd
Boutique	Boutique
Buttons	Knappar
Clothing	Kläder
Comfortable	Bekväm
Elegant	Elegant
Embroidery	Broderi
Expensive	Dyr
Fabric	Tyg
Lace	Spets
Measurements	Mätningar
Minimalist	Minimalistisk
Modern	Modern
Modest	Blygsam
Original	Original
Pattern	Mönster
Practical	Praktisk
Style	Stil
Texture	Textur
Trend	Trend

Flowers
Blommor

Bouquet	Bukett
Calendula	Ringblomma
Clover	Klöver
Daffodil	Påsklilja
Daisy	Tusensköna
Dandelion	Maskros
Gardenia	Gardenia
Hibiscus	Hibiskus
Jasmine	Jasmin
Lavender	Lavendel
Lilac	Lila
Lily	Lilja
Magnolia	Magnolia
Orchid	Orkidé
Peony	Pion
Petal	Kronblad
Plumeria	Plumeria
Poppy	Vallmo
Sunflower	Solros
Tulip	Tulpan

Food #1
Mat #1

Apricot	Aprikos
Barley	Korn
Basil	Basilika
Carrot	Morot
Cinnamon	Kanel
Garlic	Vitlök
Juice	Juice
Lemon	Citron
Milk	Mjölk
Onion	Lök
Peanut	Jordnöt
Pear	Päron
Salad	Sallad
Salt	Salt
Soup	Soppa
Spinach	Spenat
Strawberry	Jordgubb
Sugar	Socker
Tuna	Tonfisk
Turnip	Rova

Food #2
Mat #2

Apple	Äpple
Artichoke	Kronärtskocka
Banana	Banan
Broccoli	Broccoli
Celery	Selleri
Cheese	Ost
Cherry	Körsbär
Chicken	Kyckling
Chocolate	Choklad
Egg	Ägg
Eggplant	Äggplanta
Fish	Fisk
Grape	Druva
Ham	Skinka
Kiwi	Kiwi
Mushroom	Svamp
Rice	Ris
Tomato	Tomat
Wheat	Vete
Yogurt	Yoghurt

Force and Gravity
Kraft och Gravitation

Axis	Axel
Center	Centrum
Discovery	Upptäckt
Distance	Avstånd
Dynamic	Dynamisk
Expansion	Expansion
Friction	Friktion
Impact	Effekt
Magnetism	Magnetism
Magnitude	Magnitud
Mechanics	Mekanik
Motion	Rörelse
Orbit	Omloppsbana
Physics	Fysik
Pressure	Tryck
Properties	Egenskaper
Speed	Hastighet
Time	Tid
Universal	Universell
Weight	Vikt

Fruit
Frukt

Apple	Äpple
Apricot	Aprikos
Avocado	Avokado
Banana	Banan
Berry	Bär
Cherry	Körsbär
Coconut	Kokos
Fig	Fikon
Grape	Druva
Guava	Guava
Kiwi	Kiwi
Lemon	Citron
Mango	Mango
Melon	Melon
Nectarine	Nektarin
Papaya	Papaya
Peach	Persika
Pear	Päron
Pineapple	Ananas
Raspberry	Hallon

Garden
Trädgård

Bench	Bänk
Bush	Buske
Fence	Staket
Flower	Blomma
Garage	Garage
Garden	Trädgård
Grass	Gräs
Hammock	Hängmatta
Hose	Slang
Lawn	Gräsmatta
Orchard	Fruktträdgård
Pond	Damm
Porch	Veranda
Rake	Räfsa
Shovel	Skyffel
Terrace	Terrass
Trampoline	Trampolin
Tree	Träd
Vine	Vin
Weeds	Ogräs

Geography
Geografi

Altitude	Höjd
Atlas	Atlas
City	Stad
Continent	Kontinent
Country	Land
Equator	Ekvator
Hemisphere	Halvklot
Island	Ö
Latitude	Breddgrad
Map	Karta
Meridian	Meridian
Mountain	Berg
North	Norr
Region	Område
River	Flod
Sea	Hav
South	Söder
Territory	Territorium
West	Väst
World	Värld

Geology
Geologi

Acid	Syra
Calcium	Kalcium
Cavern	Grotta
Continent	Kontinent
Coral	Korall
Crystals	Kristaller
Cycles	Cykler
Earthquake	Jordbävning
Erosion	Erosion
Fossil	Fossil
Geyser	Gejser
Lava	Lava
Layer	Lager
Minerals	Mineraler
Plateau	Platå
Quartz	Kvarts
Salt	Salt
Stalactite	Stalaktit
Stone	Sten
Volcano	Vulkan

Geometry
Geometri

Angle	Vinkel
Calculation	Beräkning
Circle	Cirkel
Curve	Kurva
Diameter	Diameter
Dimension	Dimension
Equation	Ekvation
Height	Höjd
Horizontal	Horisontell
Logic	Logik
Mass	Massa
Median	Median
Number	Siffra
Parallel	Parallell
Proportion	Andel
Segment	Segment
Surface	Yta
Symmetry	Symmetri
Theory	Teori
Triangle	Triangel

Government
Regeringen

Citizenship	Medborgarskap
Civil	Civil
Constitution	Konstitution
Democracy	Demokrati
Discussion	Diskussion
District	Distrikt
Equality	Jämlikhet
Independence	Oberoende
Judicial	Rättslig
Justice	Rättvisa
Law	Lag
Leader	Ledare
Liberty	Frihet
Monument	Monument
Nation	Nation
Peaceful	Fredlig
Politics	Politik
Speech	Tal
State	Stat
Symbol	Symbol

Hair Types
Hårtyper

Bald	Skallig
Black	Svart
Blond	Blond
Braided	Flätad
Braids	Flätor
Brown	Brun
Colored	Färgad
Curls	Lockar
Curly	Lockigt
Dry	Torr
Gray	Grå
Healthy	Friska
Long	Lång
Shiny	Skinande
Short	Kort
Soft	Mjuk
Thick	Tjock
Thin	Tunn
Wavy	Vågig
White	Vit

Health and Wellness #1
Hälsa och Välbefinnande

Active	Aktiv
Bacteria	Bakterie
Bones	Ben
Clinic	Klinik
Doctor	Läkare
Fracture	Fraktur
Habit	Vana
Height	Höjd
Hormones	Hormoner
Hunger	Hunger
Medicine	Medicin
Muscles	Muskler
Nerves	Nerver
Pharmacy	Apotek
Reflex	Reflex
Relaxation	Avkoppling
Skin	Hud
Therapy	Terapi
Treatment	Behandling
Virus	Virus

Health and Wellness #2
Hälsa och Välbefinnande

Allergy	Allergi
Anatomy	Anatomi
Appetite	Aptit
Blood	Blod
Calorie	Kalori
Dehydration	Uttorkning
Diet	Kost
Disease	Sjukdom
Energy	Energi
Genetics	Genetik
Healthy	Friska
Hospital	Sjukhus
Hygiene	Hygien
Infection	Infektion
Massage	Massage
Nutrition	Näring
Recovery	Återhämtning
Stress	Påfrestning
Vitamin	Vitamin
Weight	Vikt

Herbalism
Herbalism

Aromatic	Aromatisk
Basil	Basilika
Beneficial	Välgörande
Culinary	Kulinarisk
Fennel	Fänkål
Flavor	Smak
Flower	Blomma
Garden	Trädgård
Garlic	Vitlök
Green	Grön
Ingredient	Ingrediens
Lavender	Lavendel
Marjoram	Mejram
Mint	Mynta
Oregano	Oregano
Parsley	Persilja
Plant	Växt
Rosemary	Rosmarin
Saffron	Saffran
Tarragon	Dragon

Hiking
Vandring

Animals	Djur
Boots	Stövlar
Camping	Camping
Cliff	Klippa
Climate	Klimat
Guides	Guide
Hazards	Risker
Heavy	Tung
Map	Karta
Mountain	Berg
Nature	Natur
Orientation	Orientering
Parks	Parker
Preparation	Förberedelse
Stones	Stenar
Summit	Toppmöte
Sun	Sol
Tired	Trött
Water	Vatten
Wild	Vild

House
Hus

Attic	Vind
Broom	Kvast
Curtains	Gardiner
Door	Dörr
Fence	Staket
Fireplace	Öppen Spis
Floor	Golv
Furniture	Möbel
Garage	Garage
Garden	Trädgård
Keys	Nycklar
Kitchen	Kök
Lamp	Lampa
Library	Bibliotek
Mirror	Spegel
Roof	Tak
Room	Rum
Shower	Dusch
Wall	Vägg
Window	Fönster

Human Body
Människokroppen

Ankle	Fotled
Blood	Blod
Bones	Ben
Brain	Hjärna
Chin	Haka
Ear	Öra
Elbow	Armbåge
Face	Ansikte
Finger	Finger
Hand	Hand
Head	Huvud
Heart	Hjärta
Jaw	Käke
Knee	Knä
Lips	Läppar
Mouth	Mun
Neck	Hals
Nose	Näsa
Shoulder	Axel
Skin	Hud

Jazz
Jazz

Album	Album
Applause	Applåder
Artist	Konstnär
Composer	Kompositör
Concert	Konsert
Drums	Trummor
Emphasis	Betoning
Famous	Känd
Favorites	Favoriter
Genre	Genre
Improvisation	Improvisation
Music	Musik
New	Ny
Old	Gammal
Orchestra	Orkester
Rhythm	Rytm
Song	Låt
Style	Stil
Talent	Talang
Technique	Teknik

Kitchen
Kök

Apron	Förkläde
Bowl	Skål
Chopsticks	Ätpinnar
Cups	Koppar
Food	Mat
Forks	Gafflar
Freezer	Frys
Grill	Grill
Jar	Burk
Jug	Kanna
Kettle	Vattenkokare
Knives	Knivar
Ladle	Slev
Napkin	Servett
Oven	Ugn
Recipe	Recept
Refrigerator	Kylskåp
Spices	Kryddor
Sponge	Svamp
Spoons	Skedar

Landscapes
Landskap

Beach	Strand
Cave	Grotta
Cliff	Klippa
Desert	Öken
Geyser	Gejser
Glacier	Glaciär
Hill	Kulle
Iceberg	Isberg
Island	Ö
Lake	Sjö
Mountain	Berg
Oasis	Oas
Peninsula	Halvö
River	Flod
Sea	Hav
Swamp	Träsk
Tundra	Tundra
Valley	Dal
Volcano	Vulkan
Waterfall	Vattenfall

Literature
Litteratur

Analogy	Analogi
Analysis	Analys
Anecdote	Anekdot
Author	Författare
Biography	Biografi
Comparison	Jämförelse
Conclusion	Slutsats
Description	Beskrivning
Dialogue	Dialog
Metaphor	Metafor
Narrator	Berättare
Novel	Roman
Opinion	Åsikt
Poem	Dikt
Poetic	Poetisk
Rhyme	Rim
Rhythm	Rytm
Style	Stil
Theme	Tema
Tragedy	Tragedi

Mammals
Däggdjur

Bear	Björn
Beaver	Bäver
Bull	Tjur
Cat	Katt
Coyote	Prärievarg
Dog	Hund
Dolphin	Delfin
Elephant	Elefant
Fox	Räv
Giraffe	Giraff
Gorilla	Gorilla
Horse	Häst
Kangaroo	Känguru
Lion	Lejon
Monkey	Apa
Rabbit	Kanin
Sheep	Får
Whale	Val
Wolf	Varg
Zebra	Zebra

Math
Matematik

Angles	Vinklar
Arithmetic	Aritmetisk
Circumference	Omkrets
Decimal	Decimal
Diameter	Diameter
Division	Division
Equation	Ekvation
Exponent	Exponent
Fraction	Fraktion
Geometry	Geometri
Numbers	Tal
Parallel	Parallell
Polygon	Polygon
Radius	Radie
Rectangle	Rektangel
Square	Torg
Sum	Summa
Symmetry	Symmetri
Triangle	Triangel
Volume	Volym

Measurements
Mått

Byte	Byte
Centimeter	Centimeter
Decimal	Decimal
Degree	Grad
Depth	Djup
Gram	Gram
Height	Höjd
Inch	Tum
Kilogram	Kilogram
Kilometer	Kilometer
Length	Längd
Liter	Liter
Mass	Massa
Meter	Meter
Minute	Minut
Ounce	Uns
Ton	Ton
Volume	Volym
Weight	Vikt
Width	Bredd

Meditation
Meditation

Acceptance	Godkännande
Attention	Uppmärksamhet
Awake	Vaken
Breathing	Andas
Calm	Lugn
Clarity	Klarhet
Compassion	Medkänsla
Emotions	Känslor
Gratitude	Tacksamhet
Habits	Vanor
Kindness	Vänlighet
Mental	Psykisk
Mind	Sinne
Movement	Rörelse
Music	Musik
Nature	Natur
Peace	Fred
Perspective	Perspektiv
Silence	Tystnad
Thoughts	Tankar

Music
Musik

Album	Album
Ballad	Ballad
Chorus	Kör
Classical	Klassisk
Eclectic	Eklektisk
Harmonic	Harmonisk
Harmony	Harmoni
Lyrical	Lyrisk
Melody	Melodi
Microphone	Mikrofon
Musical	Musikalisk
Musician	Musiker
Opera	Opera
Poetic	Poetisk
Recording	Inspelning
Rhythm	Rytm
Rhythmic	Rytmisk
Sing	Sjunga
Singer	Sångare
Vocal	Sång

Musical Instruments
Musikinstrument

Banjo	Banjo
Bassoon	Fagott
Cello	Cello
Clarinet	Klarinett
Drum	Trumma
Flute	Flöjt
Gong	Gong
Guitar	Gitarr
Harmonica	Munspel
Harp	Harpa
Mandolin	Mandolin
Marimba	Marimba
Oboe	Oboe
Percussion	Slagverk
Piano	Piano
Saxophone	Saxofon
Tambourine	Tamburin
Trombone	Trombon
Trumpet	Trumpet
Violin	Fiol

Mythology
Mytologi

Archetype	Arketyp
Behavior	Beteende
Beliefs	Tro
Creation	Skapande
Creature	Varelse
Culture	Kultur
Deities	Gudom
Disaster	Katastrof
Heaven	Himmel
Hero	Hjälte
Immortality	Odödlighet
Jealousy	Svartsjuka
Labyrinth	Labyrint
Legend	Legend
Lightning	Blixt
Monster	Monster
Mortal	Dödlig
Revenge	Hämnd
Thunder	Åska
Warrior	Krigare

Nature
Natur

Animals	Djur
Arctic	Arktisk
Beauty	Skönhet
Bees	Bin
Cliffs	Klippor
Clouds	Moln
Desert	Öken
Dynamic	Dynamisk
Erosion	Erosion
Fog	Dimma
Foliage	Lövverk
Forest	Skog
Glacier	Glaciär
Peaceful	Fredlig
River	Flod
Sanctuary	Fristad
Serene	Lugn
Tropical	Tropisk
Vital	Avgörande
Wild	Vild

Numbers
Nummer

Decimal	Decimal
Eight	Åtta
Eighteen	Arton
Fifteen	Femton
Five	Fem
Four	Fyra
Fourteen	Fjorton
Nine	Nio
Nineteen	Nitton
One	Ett
Seven	Sju
Seventeen	Sjutton
Six	Sex
Sixteen	Sexton
Ten	Tio
Thirteen	Tretton
Three	Tre
Twelve	Tolv
Twenty	Tjugo
Two	Två

Nutrition
Näring

Appetite	Aptit
Balanced	Balanserad
Bitter	Bitter
Calories	Kalorier
Carbohydrates	Kolhydrater
Diet	Kost
Digestion	Matsmältning
Edible	Ätlig
Fermentation	Jäsning
Flavor	Smak
Habits	Vanor
Health	Hälsa
Healthy	Friska
Nutrient	Näringsämne
Proteins	Proteiner
Quality	Kvalitet
Sauce	Sås
Toxin	Toxin
Vitamin	Vitamin
Weight	Vikt

Ocean
Hav

Algae	Alger
Coral	Korall
Crab	Krabba
Dolphin	Delfin
Eel	Ål
Fish	Fisk
Jellyfish	Manet
Octopus	Bläckfisk
Oyster	Ostron
Reef	Rev
Salt	Salt
Seaweed	Tång
Shark	Haj
Shrimp	Räka
Sponge	Svamp
Storm	Storm
Tides	Tidvatten
Tuna	Tonfisk
Turtle	Sköldpadda
Whale	Val

Pets
Husdjur

Cat	Katt
Collar	Krage
Cow	Ko
Dog	Hund
Fish	Fisk
Food	Mat
Goat	Get
Hamster	Hamster
Kitten	Kattunge
Leash	Koppel
Lizard	Ödla
Mouse	Mus
Parrot	Papegoja
Paws	Tassar
Puppy	Valp
Rabbit	Kanin
Tail	Svans
Turtle	Sköldpadda
Veterinarian	Veterinär
Water	Vatten

Philanthropy
Filantropi

Challenges	Utmaningar
Charity	Välgörenhet
Children	Barn
Community	Gemenskap
Contacts	Kontakter
Donate	Donera
Finance	Finans
Funds	Medel
Generosity	Generositet
Goals	Mål
Groups	Grupper
History	Historia
Honesty	Ärlighet
Humanity	Mänskligheten
Mission	Uppdrag
Need	Behöver
People	Människor
Programs	Program
Public	Offentlig
Youth	Ungdom

Physics
Fysik

Acceleration	Acceleration
Atom	Atom
Chaos	Kaos
Chemical	Kemisk
Density	Densitet
Electron	Elektron
Engine	Motor
Expansion	Expansion
Formula	Formel
Frequency	Frekvens
Gas	Gas
Magnetism	Magnetism
Mass	Massa
Mechanics	Mekanik
Molecule	Molekyl
Nuclear	Kärnkraft
Particle	Partikel
Relativity	Relativitet
Universal	Universell
Velocity	Hastighet

Plants
Växter

Bamboo	Bambu
Bean	Böna
Berry	Bär
Botany	Botanik
Bush	Buske
Cactus	Kaktus
Fertilizer	Gödsel
Flora	Flora
Flower	Blomma
Foliage	Lövverk
Forest	Skog
Garden	Trädgård
Grass	Gräs
Ivy	Murgröna
Moss	Mossa
Petal	Kronblad
Root	Rot
Stem	Stam
Tree	Träd
Vegetation	Vegetation

Professions #1
Yrken # 1

Ambassador	Ambassadör
Astronomer	Astronom
Attorney	Advokat
Banker	Bankir
Cartographer	Kartograf
Coach	Tränare
Dancer	Dansare
Doctor	Läkare
Editor	Redaktör
Geologist	Geolog
Hunter	Jägare
Jeweler	Juvelerare
Musician	Musiker
Nurse	Sjuksköterska
Pianist	Pianist
Plumber	Rörmokare
Psychologist	Psykolog
Sailor	Sjöman
Tailor	Skräddare
Veterinarian	Veterinär

Professions #2
Yrken # 2

Astronaut	Astronaut
Biologist	Biolog
Dentist	Tandläkare
Detective	Detektiv
Engineer	Ingenjör
Farmer	Bonde
Illustrator	Illustratör
Inventor	Uppfinnare
Journalist	Journalist
Librarian	Bibliotekarie
Linguist	Lingvist
Painter	Målare
Philosopher	Filosof
Photographer	Fotograf
Physician	Läkare
Pilot	Pilot
Researcher	Forskare
Surgeon	Kirurg
Teacher	Lärare
Zoologist	Zoolog

Psychology
Psykologi

Appointment	Utnämning
Assessment	Bedömning
Behavior	Beteende
Childhood	Barndom
Clinical	Klinisk
Cognition	Kognition
Conflict	Konflikt
Dreams	Drömmar
Ego	Ego
Emotions	Känslor
Ideas	Idéer
Perception	Uppfattning
Personality	Personlighet
Problem	Problem
Reality	Verklighet
Sensation	Känsla
Subconscious	Undermedvetna
Therapy	Terapi
Thoughts	Tankar
Unconscious	Medvetslös

Rainforest
Regnskog

Amphibians	Amfibier
Birds	Fåglar
Botanical	Botanisk
Climate	Klimat
Clouds	Moln
Community	Gemenskap
Diversity	Mångfald
Indigenous	Inhemsk
Insects	Insekter
Jungle	Djungel
Mammals	Däggdjur
Moss	Mossa
Nature	Natur
Preservation	Bevarande
Refuge	Tillflykt
Respect	Respekt
Restoration	Restaurering
Species	Art
Survival	Överlevnad
Valuable	Värdefull

Restaurant #2
Restaurang nr 2

Beverage	Dryck
Cake	Kaka
Chair	Stol
Delicious	Läcker
Dinner	Middag
Eggs	Ägg
Fish	Fisk
Fork	Gaffel
Fruit	Frukt
Ice	Is
Lunch	Lunch
Noodles	Nudlar
Salad	Sallad
Salt	Salt
Soup	Soppa
Spices	Kryddor
Spoon	Sked
Vegetables	Grönsaker
Waiter	Servitör
Water	Vatten

Science
Vetenskap

Atom	Atom
Chemical	Kemisk
Climate	Klimat
Data	Data
Evolution	Evolution
Experiment	Experiment
Fact	Faktum
Fossil	Fossil
Gravity	Allvar
Hypothesis	Hypotes
Laboratory	Laboratorium
Method	Metod
Minerals	Mineraler
Molecules	Molekyler
Nature	Natur
Organism	Organism
Particles	Partiklar
Physics	Fysik
Plants	Växter
Scientist	Forskare

Science Fiction
Science Fiction

Atomic	Atom
Books	Böcker
Chemicals	Kemikalier
Cinema	Bio
Dystopia	Dystopi
Explosion	Explosion
Extreme	Extrem
Fantastic	Fantastisk
Fire	Eld
Futuristic	Trogen
Galaxy	Galax
Illusion	Illusion
Imaginary	Imaginär
Mysterious	Mystisk
Oracle	Orakel
Planet	Planet
Robots	Robotar
Technology	Teknik
Utopia	Utopi
World	Värld

Scientific Disciplines
Vetenskapliga Discipliner

Anatomy	Anatomi
Archaeology	Arkeologi
Astronomy	Astronomi
Biochemistry	Biokemi
Biology	Biologi
Botany	Botanik
Chemistry	Kemi
Ecology	Ekologi
Geology	Geologi
Immunology	Immunologi
Kinesiology	Kinesiologi
Linguistics	Lingvistik
Mechanics	Mekanik
Mineralogy	Mineralogi
Neurology	Neurologi
Physiology	Fysiologi
Psychology	Psykologi
Sociology	Sociologi
Thermodynamics	Termodynamik
Zoology	Zoologi

Shapes
Former

Arc	Båge
Circle	Cirkel
Cone	Kon
Corner	Hörn
Cube	Kub
Curve	Kurva
Cylinder	Cylinder
Edges	Kanter
Ellipse	Ellips
Hyperbola	Hyperbel
Line	Linje
Oval	Oval
Polygon	Polygon
Prism	Prisma
Pyramid	Pyramid
Rectangle	Rektangel
Side	Sida
Sphere	Sfär
Square	Torg
Triangle	Triangel

Spices
Kryddor

Anise	Anis
Bitter	Bitter
Cardamom	Kardemumma
Cinnamon	Kanel
Clove	Kryddnejlika
Coriander	Koriander
Cumin	Kummin
Curry	Curry
Fennel	Fänkål
Flavor	Smak
Garlic	Vitlök
Ginger	Ingefära
Licorice	Lakrits
Nutmeg	Muskot
Onion	Lök
Paprika	Paprika
Saffron	Saffran
Salt	Salt
Sweet	Söt
Vanilla	Vanilj

The Company
Företaget

Business	Företag
Creative	Kreativ
Decision	Beslut
Global	Global
Industry	Industri
Innovative	Innovativt
Investment	Investering
Possibility	Möjlighet
Presentation	Presentation
Product	Produkt
Professional	Professionell
Progress	Framsteg
Quality	Kvalitet
Reputation	Rykte
Resources	Medel
Revenue	Inkomst
Risks	Risker
Trends	Trender
Units	Enheter
Wages	Lön

The Media
Medium

Advertisements	Annons
Attitudes	Attityder
Commercial	Kommersiell
Communication	Kommunikation
Digital	Digital
Edition	Utgåva
Education	Utbildning
Facts	Fakta
Funding	Finansiering
Images	Bilder
Individual	Enskild
Industry	Industri
Intellectual	Intellektuell
Local	Lokal
Network	Nätverk
Newspapers	Tidningar
Online	Uppkopplad
Opinion	Åsikt
Public	Offentlig
Radio	Radio

Time
Tid

Annual	Årlig
Before	Före
Calendar	Kalender
Century	Århundrade
Clock	Klocka
Day	Dag
Decade	Årtionde
Early	Tidig
Future	Framtid
Hour	Timme
Minute	Minut
Month	Månad
Morning	Morgon
Night	Natt
Noon	Middag
Now	Nu
Soon	Snart
Today	Idag
Week	Vecka
Year	År

Town
Staden

Airport	Flygplats
Bakery	Bageri
Bank	Bank
Bookstore	Bokhandel
Cafe	Kafé
Cinema	Bio
Clinic	Klinik
Gallery	Galleri
Hotel	Hotell
Library	Bibliotek
Market	Marknad
Museum	Museum
Pharmacy	Apotek
School	Skola
Stadium	Stadion
Store	Lagra
Supermarket	Mataffär
Theater	Teater
University	Universitet
Zoo	Zoo

Universe
Universum

Asteroid	Asteroid
Astronomer	Astronom
Astronomy	Astronomi
Atmosphere	Atmosfär
Celestial	Himmelsk
Cosmic	Kosmisk
Darkness	Mörker
Eon	Eon
Galaxy	Galax
Hemisphere	Halvklot
Horizon	Horisont
Latitude	Breddgrad
Moon	Måne
Orbit	Omloppsbana
Sky	Himmel
Solar	Sol
Solstice	Solstånd
Telescope	Teleskop
Visible	Synlig
Zodiac	Djurkretsen

Vacation #2
Semester # 2

Airport	Flygplats
Beach	Strand
Camping	Camping
Destination	Destination
Foreign	Utländsk
Foreigner	Utlänning
Holiday	Semester
Hotel	Hotell
Island	Ö
Journey	Resa
Leisure	Fritid
Map	Karta
Mountains	Berg
Passport	Pass
Sea	Hav
Taxi	Taxi
Tent	Tält
Train	Tåg
Transportation	Transport
Visa	Visum

Vegetables
Grönsaker

Artichoke	Kronärtskocka
Broccoli	Broccoli
Carrot	Morot
Cauliflower	Blomkål
Celery	Selleri
Cucumber	Gurka
Eggplant	Äggplanta
Garlic	Vitlök
Ginger	Ingefära
Mushroom	Svamp
Onion	Lök
Parsley	Persilja
Pea	Ärta
Pumpkin	Pumpa
Radish	Rädisa
Salad	Sallad
Shallot	Schalottenlök
Spinach	Spenat
Tomato	Tomat
Turnip	Rova

Vehicles
Fordon

Airplane	Flygplan
Ambulance	Ambulans
Bicycle	Cykel
Boat	Båt
Bus	Buss
Car	Bil
Caravan	Husvagn
Ferry	Färja
Helicopter	Helikopter
Motor	Motor
Raft	Flotte
Rocket	Raket
Scooter	Skoter
Shuttle	Skyttel
Submarine	Ubåt
Subway	Tunnelbana
Taxi	Taxi
Tires	Däck
Tractor	Traktor
Truck	Lastbil

Virtues #1
Dygder #1

Artistic	Konstnärlig
Charming	Charmig
Clean	Ren
Confident	Säker
Curious	Nyfiken
Decisive	Avgörande
Efficient	Effektiv
Funny	Rolig
Generous	Generös
Good	Bra
Helpful	Hjälpsam
Imaginative	Fantasifull
Independent	Oberoende
Intelligent	Intelligent
Modest	Blygsam
Passionate	Passionerad
Patient	Patient
Practical	Praktisk
Reliable	Pålitlig
Wise	Klok

Water
Vatten

Canal	Kanal
Damp	Fuktig
Evaporation	Avdunstning
Flood	Översvämning
Frost	Frost
Geyser	Gejser
Humidity	Fuktighet
Hurricane	Orkan
Ice	Is
Irrigation	Bevattning
Lake	Sjö
Moisture	Fukt
Monsoon	Monsun
Ocean	Hav
Rain	Regn
River	Flod
Shower	Dusch
Snow	Snö
Steam	Ånga
Waves	Vågor

Weather
Väder

Atmosphere	Atmosfär
Breeze	Bris
Climate	Klimat
Cloud	Moln
Drought	Torka
Dry	Torr
Fog	Dimma
Hurricane	Orkan
Ice	Is
Lightning	Blixt
Monsoon	Monsun
Polar	Polära
Rainbow	Regnbåge
Sky	Himmel
Storm	Storm
Temperature	Temperatur
Thunder	Åska
Tornado	Tromb
Tropical	Tropisk
Wind	Vind

Congratulations

You made it!

We hope you enjoyed this book as much as we enjoyed making it. We do our best to make high quality games.
These puzzles are designed in a clever way for you to learn actively while having fun!

Did you love them?

A Simple Request

Our books exist thanks your reviews. Could you help us by leaving one now?

Here is a short link which will take you to your order review page:

BestBooksActivity.com/Review50

MONSTER CHALLENGE!

Challenge #1

Ready for Your Bonus Game? We use them all the time but they are not so easy to find. Here are **Synonyms**!

Note 5 words you discovered in each of the Puzzles noted below (#21, #36, #76) and try to find 2 synonyms for each word.

Note 5 Words from *Puzzle 21*

Words	Synonym 1	Synonym 2

Note 5 Words from *Puzzle 36*

Words	Synonym 1	Synonym 2

Note 5 Words from *Puzzle 76*

Words	Synonym 1	Synonym 2

Challenge #2

Now that you are warmed-up, note 5 words you discovered in each Puzzle
noted below (#9, #17, #25) and try to find 2 antonyms for each word.
How many lines can you do in 20 minutes?

Note 5 Words from **Puzzle 9**

Words	Antonym 1	Antonym 2

Note 5 Words from **Puzzle 17**

Words	Antonym 1	Antonym 2

Note 5 Words from **Puzzle 25**

Words	Antonym 1	Antonym 2

Challenge #3

Wonderful, this monster challenge is nothing to you!

Ready for the last one? Choose your 10 favorite words discovered in any of the Puzzles and note them below.

1.	6.
2.	7.
3.	8.
4.	9.
5.	10.

Now, using these words and within a maximum of six sentences, your challenge is to compose a text about a person, animal or place that you love!

Tip: You can use the last blank page of this book as a draft!

Your Writing:

Explore a Unique Store
Set Up **FOR YOU!**

MEGA DEALS

BestActivityBooks.com/**TheStore**

Designed for Entertainment!

Light Up Your Brain With Unique **Gift Ideas**.

Access **Surprising** And **Essential Supplies!**

CHECK OUT OUR MONTHLY SELECTION NOW!

- Expertly Crafted Products -

NOTEBOOK:

SEE YOU SOON!

Linguas Classics Team

ENJOY FREE GAMES NOW ON

BESTACTIVITYBOOKS.COM/FREEGAMES